赤ちゃんは何を聞いているの?

音楽と聴覚からみた乳幼児の発達

呉　東進 著

北大路書房

まえがき

本書は、赤ちゃんや子どもと音楽のかかわりを、医学、発達心理学、脳科学、霊長類学などの幅広い分野の新しい研究成果をふまえながら、実際に赤ちゃんや子どもと音楽で関わった経験も交えて、できるだけわかりやすく記述したものです。

音楽というと、学校で勉強する教科としての音楽とか、芸術としての音楽などを連想されるかもしれませんが、赤ちゃんや子どもにとって、音楽とは、まず楽しい遊びです。注意をよく引きつけ、周りの人と交わる手段にもなります。上手に使うことで、運動や、ものごとの理解、感情や社会性などの発達をうながすこともできます。

そういう視点から、音楽が本来もっている優れた特性、医療や発達上の効用、保育や家庭での上手な使い方などを、可能な限り科学的に解説し、実際に子育て中のお母さん、お父さん、おじいちゃん、おばあちゃんから、保育や教育の関係者、看護や医療の関係者など、赤ちゃんや子どもと関わるすべての人に役立つように努めたつもりです。

本書が、赤ちゃんや子どもたちの健やかな成長に少しでも役立てば幸いです。

赤ちゃんは何を聞いているの？
――音楽と聴覚からみた乳幼児の発達

目次

目　次

目　次

第7章　赤ちゃんにいい音楽……101

第1章 赤ちゃんと音楽

1 赤ちゃんが泣きやむ歌

あるCMソング（北川・谷本、2005）が聞こえてくると赤ちゃんが泣きやむというので、数年前からたいへんな話題になっています。CDになって発売されたり、携帯電話の着メロに使われたりして、実際に赤ちゃんがぐずって困ったときに使われているようです。重宝しているお母さんもいるそうです。

どうして赤ちゃんが、この「ピアノ売ってちょ～だい」というCMソングを聞いて泣きやむのでしょうか。あるとき、子どもと音楽の講演会の後で、聴衆の方からそう質問されました。それまで、テレビでこのCMを何となく見たことはあったのですが、「真剣に」聞いたことはなかったのです。それほど話題になっているのなら、質問が出たこの機会にと思い、ちょっと自分なりに調べてみました。

CMはテレビで放映されているので、映像と音声の2種類の刺激が作用すると考えられます。でも、赤ちゃんは泣いているので、映像のほうは、少なくとも最初のうちは、しっかり目に入らないでしょう。とすると、泣きやむきっかけになるのは、音声のほうに違いありません。

このCMの音声は、数人の女性の合唱、ピアノの伴奏、それに財津一郎さんの歌、の3種類がおもな構成要素になっています。猫の鳴き声なども入っていますが、かなり後になってから聞こえてくるので、泣きやむことに直接関係しているとは考えられません。この3種類の音楽をそれぞれの要素だけに集中して聞いてみると、女性合唱とピアノ伴奏には特に大きな特徴はありませんが、財津さんの歌は、一聴してすぐに気づくような、特異な声と歌い方になっています。きっとここに、赤ちゃんが泣きやむ歌の秘密が隠されているのだろう、そう考えて、財津さんの歌の特徴を周波数分析で調べてみました。

2 人の発声のしくみ

その分析結果を示す前に、人の声の特徴や発声のしくみを少し説明します。

犬やこうもりは、人よりずっと広い周波数帯域の音を聞く能力をもっていますが、人の耳は、およそ20〜20000ヘルツの音に反応するといわれています。その中で、人の声は、それほど広範囲の周波数にまたがっているわけではなく、せいぜい数十〜数千ヘルツの範囲に限られています。ちなみに、88鍵のピアノの音は、いちばん下の音が約30ヘルツ、いちばん上の音が約4000ヘルツですから、88鍵のピアノの音の範囲が人の声の範囲とほぼ同じくらいと考えてもいいでしょう。

声は、肺から吐き出された息が、まず最初に声帯を振動させることで発生します。このときに出る声は、風船をふくらませてからパッと手を放したときに鳴るような、ただ「ブー」というだけの音で、これを基本周波数といいます。この音が喉や舌、歯や唇などの間を通るときに、さまざまに反響し、その反響具合によって「あ」や「い」や「う」といった言葉の音になって体の外に出てくるのです。「あ、い、う、え、お」のどの語を発音しても、基本周波数はすべて同じで、反響音（フォルマントといいます）が違うだけなのです。

3 人の声の周波数

図1－1の上段は、実際に私の声を周波数分析したものです。矢印で示した、いちばん左側の最も低い音の線が基本周波数で、「あ」～「お」まですべてに共通しています。それ以外の音の線は、すべて反響音のもので、「あ」～「お」でパターンが違っていることがわかります。

図1－1の下段に女声の「あ」～「お」の周波数分析を示します。上段と比べてみると、基本周波数の高さが男女で違っています。もちろん反響音の高さも違います。

人の声帯は「生もの」ですから体調や環境の影響（温度や湿度）でコンディションが変わり、それによって基本周波数も刻々と変化しますが、男声の平均が約120ヘルツ、女声が約250ヘルツといわれています。これを88鍵のピアノの音に置き換えると、鍵盤の中央の「ド」が約260ヘルツでほぼ女声の基本周波数に、その1オクターブ下の「ド」が約130ヘルツでほぼ男性の基本周波数に相当します。

ところで、皆さんは、ふつうに話すときの声のほかに、ちょっと高い声を出すことがありませんか。たとえば、どこかから電話がかかってきたときに、「はい、○○です」と、いつもとちょっと違う、よそ行きの高めの声で答えませんか。家族や知人からの電話とわかったとたんに「何か用?」と、ふだんの低い声に戻って、相手に驚かれた経験があるでしょう。

つまり、声帯の緊張と息の出し方を変えることで、別の基本周波数の声を出すことができるのです。トランペットなどの管楽器でも、バルブの操作なしに、ただ息の吹き方を変えるだけで何種類かの

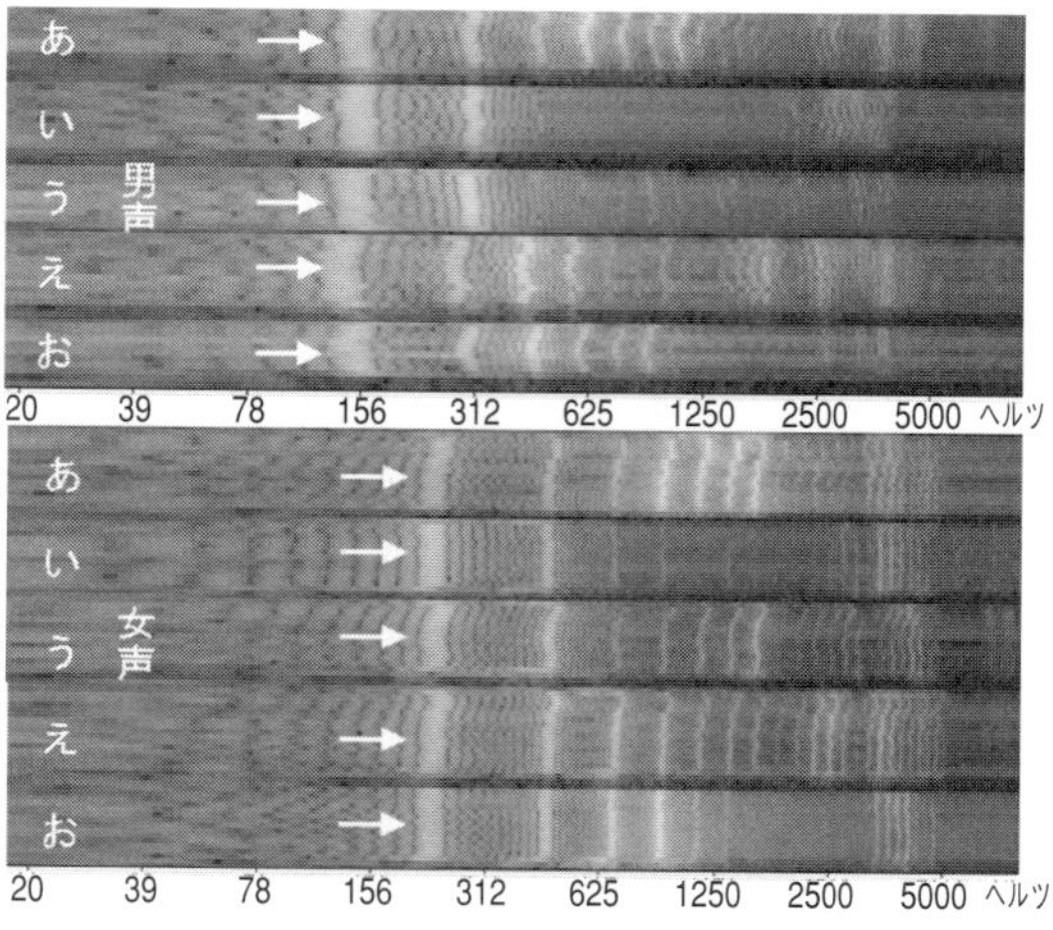

図1－1　男声と女声の周波数分析

横軸は周波数（20～約10000ヘルツ）を対数で表わしたもの。矢印は基本周波数を示す。

高さの音を出すことができるのと同じことです。では、いったい、何種類の基本周波数の声を出すことができるでしょうか。

自分でやってみると、「あ」の発声で、図1－2の上段のように、ふつうの声とよそ行きのやや高い声のほかに、ドスのきいた低い声と、よそ行きよりさらに高い裏声の4種類の高さの声が出ました。同じように、知人の女性も、図1－2の下段のように、4種類の声が出ましたので、誰でも4種類くらいは出せるようです。中には、もっと多くの高さの声を出し分ける人がいるかもしれません。

ここで、男声の裏声と女声のやや高い声の基本周波数が、ほぼ同じ400～500ヘルツくらいの高さになることを覚

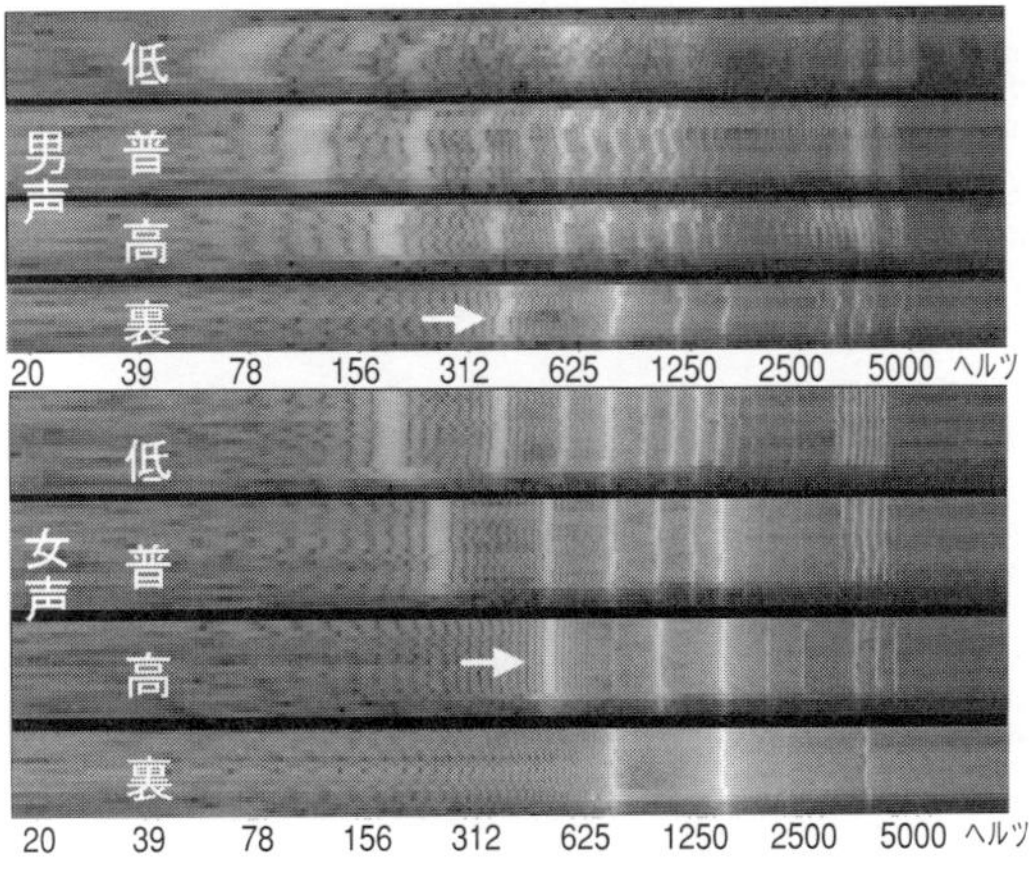

図1－2　4種類の高さの「あ」の周波数分析

矢印は男声の裏声と女声のやや高い声の基本周波数を示す。横軸は図1－1と同じ。

えておいてください。

4 赤ちゃんが泣きやむ歌の秘密

さあ、いよいよ話題のCMソングを周波数分析してみましょう。ここでは、おもに基本周波数がどのように変化するかをみてみます。

図1－3は、出だしの部分です。この図でいちばん上から下までずっと続いている多数の線（矢印）は、ピアノの伴奏部分にあたります。財津さんが「ピアノ売って」と歌い始めると、ピアノ伴奏の中にザザッとさざ波のような線

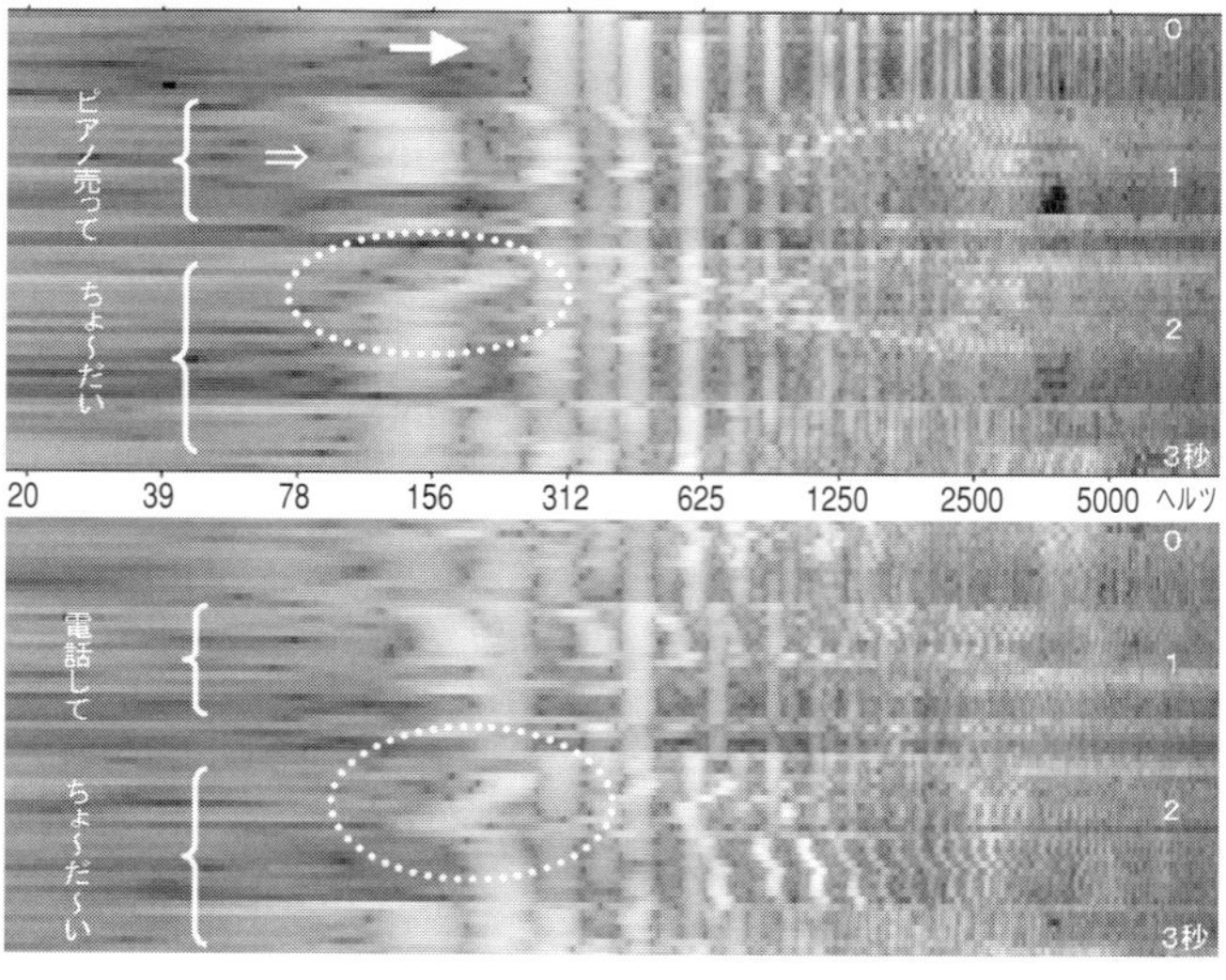

図1－3　CMソングの周波数分析：開始部分

縦軸は時間の経過で，上段下段とも各3秒。歌は，図の上から下へ進んでいく。白矢印はピアノ伴奏の部分，波括弧（｛）は歌詞の部分，⇒は「ピアノ売って」の部分の基本周波数，点線の丸が周波数の変化の大きい部分を示す。横軸は図1－1と同じ。記号は以下の図1－4～8，12でも同じものを表わす。

が発生します（図１－３の～の部分）。この部分の基本周波数は、男声のふつうの高さで１２０～１５０ヘルツくらいになっています（図１－３の⇒の部分）。

それが、「ちょ～だい」になると、ふつうの声の１２０～１５０ヘルツからよそ行きの声の約２５０ヘルツに急激に跳ね上がり、その後にまたふつうの高さに急降下しています（図１－３の丸囲みの部分）。周波数分析の線が左右に大きく揺れて山形になり、抑揚の大きな歌い方になっているのがわかります。「電話して」の次の2回目の「ちょ～だ～い」（図１－３の下段）では、ふつうの声からよそ行きに上がり、またふつうの声に戻ってからもう一度よそ行きに上がるというジェットコースターに乗っているような変化をしています。

図１－４は、このＣＭソングの中ほどで、財津さんが「そのと～り」と少し叫ぶように歌う部分です。周波数分析の線が、それまでのどの歌詞の部分よりもくっきりと濃くなっているのがわかります。さらに、基本周波数が、それまでのふつうの声から一気に裏声の４００ヘルツくらいまで跳ね上がっていま

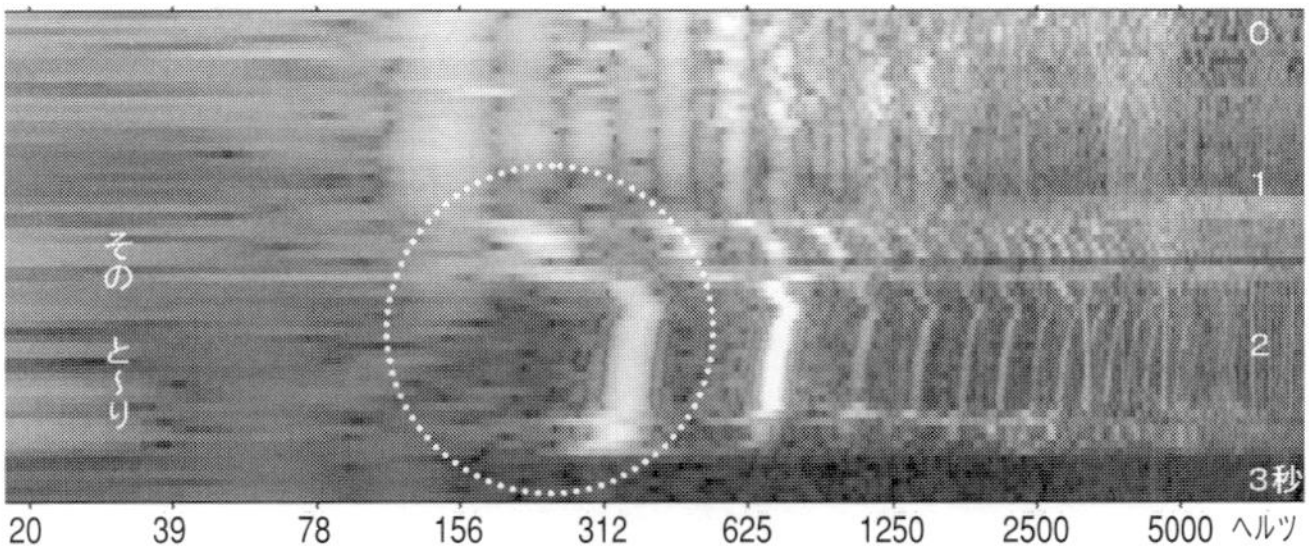

図１－４　CMソングの周波数分析：中間部分

す。ここは、伴奏も一次中断して財津さんの歌だけになっているので、この特徴が際立っています。

図1－5の上側は、CMソングの後半で、「もっともっと」と歌われる部分です。基本周波数の線が左右に何度も揺れ動いて、ふつうの声とよそ行きの声の間を行ったり来たりして大きく変動しています。これが何回かくり返され、最後に「ピアノ売って、ちょ～だ～い」とやや叫ぶような歌で全体が終了します。この最後の部分も伴奏がなく、基本周波数が、よそ行きのやや高い200ヘルツくらいから裏声の400ヘルツへと、くっきり大きく変化しています。

何度も聞き返してみると、にぎやかな歌という第一印象とは裏腹に、財津さんの歌自体は全体的にゆっくりで、ピアノ伴奏や女声合唱の合間に短く歌われているのがわかります。

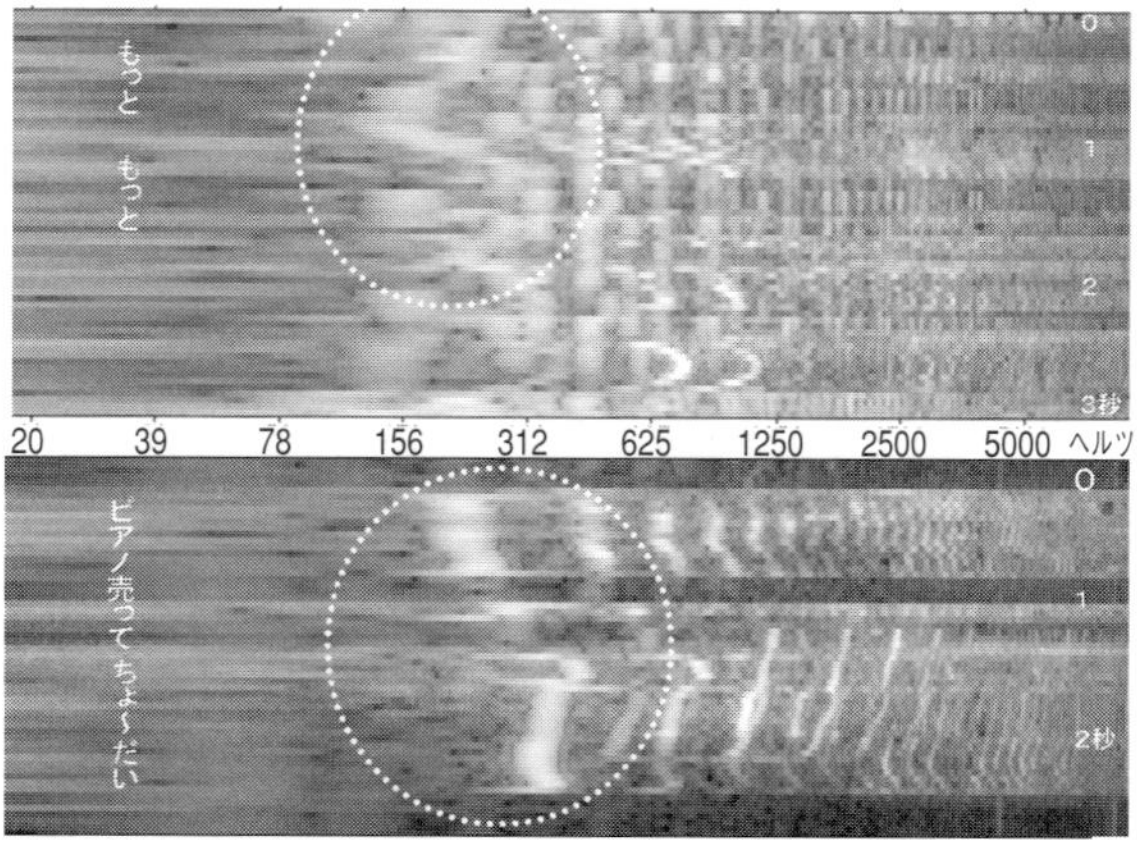

図1－5　CMソングの周波数分析：最後の部分

　では、財津さんがふつうに話すとどういう風になるでしょうか。残念ながら、ふだんの会話の音声が手に入らないので、ドラマのせりふの一部を周波数分析してみました。図１－６がその結果です。会話では、基本周波数はふつうの声の１２０ヘルツ前後で、あまり変化のない平坦な線になっています。比べてみると、あのＣＭソングは、かなり特異な基本周波数の変化をしていることがわかります。

　こういう財津さんの声や歌い方をまとめてみると、①裏声で歌っている部分が多く、男声にもかかわらず女声のよそ行きのやや高い声に近い４００～５００ヘルツくらいの基本周波数になっている、②ゆっくりとしたテンポで明瞭にくっきりと歌われている、③基本周波数が高くなったり低くなったりして抑揚の大きな歌い方になっている、という特徴があることがわかります。しかも、財津さんは、④ずっと歌いっぱなしではなく間隔を置いて歌っていて、⑤一つひとつのフレーズは短く、⑥同じようなフレーズのくり返しが多いけれども、⑦適度な変化をつけて歌っています。歌うというよりも、話しかけているのに近いような歌いぶりなのです。ここまで分析してみて、これはどこかで聞いたことがあるな、何かに似ているなと思いあたりました。

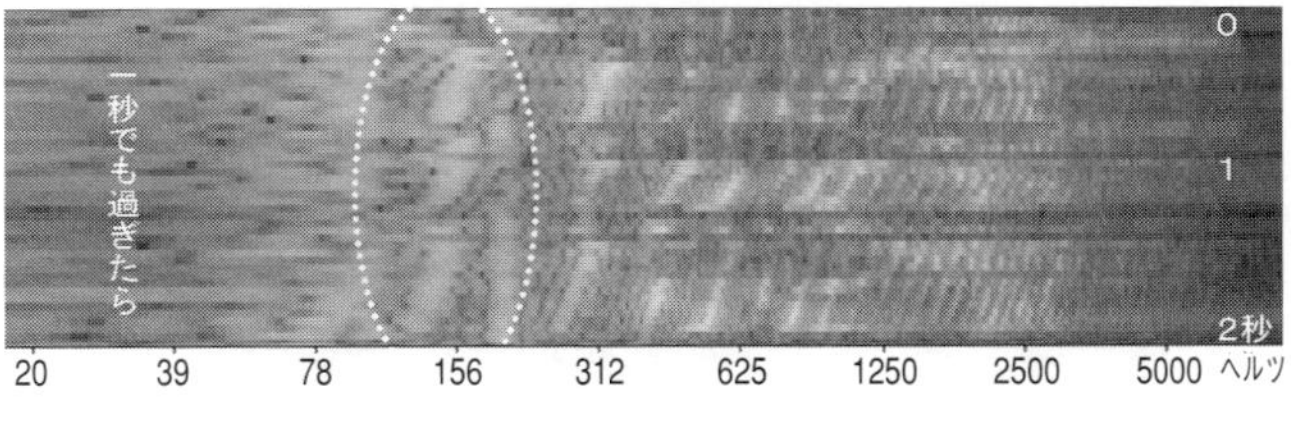

図１－６　ふつうの話し声（せりふ）の周波数分析

5 赤ちゃんに話しかける（マザリーズ）

この特徴は、親が赤ちゃんに話しかけるときの話し方（マザリーズとか、母親語、乳児向けの話し方などといわれています）とそっくりなのです。

図1－7の上段は、実際にあるお母さんが自分の赤ちゃんに話しかけている音声を周波数分析したものです。基本周波数は、400ヘルツくらいのやや高い声を中心として、250～500ヘルツくらいの間を上がったり下がったりして、抑揚の非常に大きな話し方になっています。大人が赤ちゃんに話しかけると、自然にこういう特徴のある話し方になるのです。

これは日本の母親だけに限られた現象ではなく、世界中どこに行っても同じような話し方になっています。図1－7の下段は、あるカナダのお母さんが

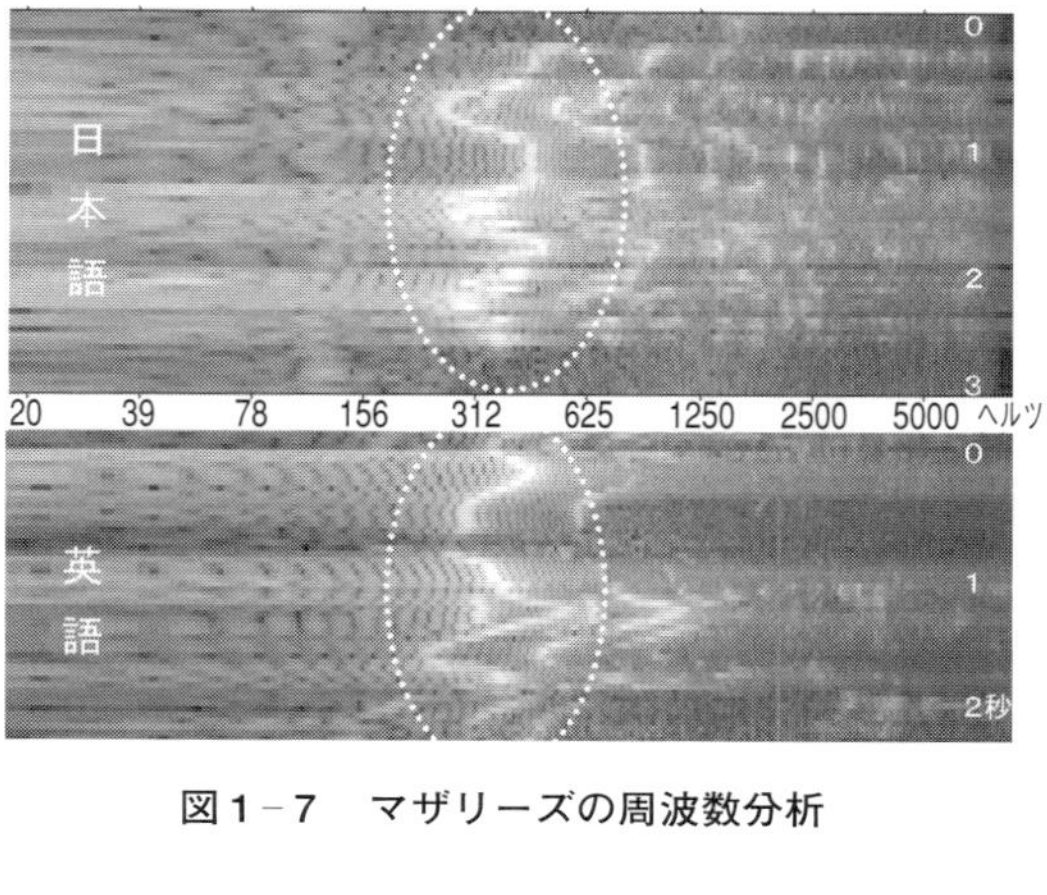

図1－7　マザリーズの周波数分析

自分の赤ちゃんに話しかけている音声を周波数分析したものです。日本語はどちらかというと他の国の言葉に比べて平板で抑揚が少ないので、日本の母親よりちょっと周波数の変化が大きくなっていますが、基本的には同じような声の高さと揺れ方をしています。財津さんの歌の周波数分析ともよく似ています。

同じような会話を、マザリーズで話すのとふつうに大人に向けて話すのを比較してみると、図1－8の右側のように、大人向けの会話では変化が少なく250ヘルツくらいの基本周波数が平坦に続いているのに対し、マザリーズでは左側のように、250ヘルツから最高700ヘルツくらいまで大きく変化しているのがわかります(Fernald & Kuhl, 1987)。

6　マザリーズと赤ちゃんの行動

赤ちゃんはマザリーズが大好きです。それは次のような選好実験でも確かめら

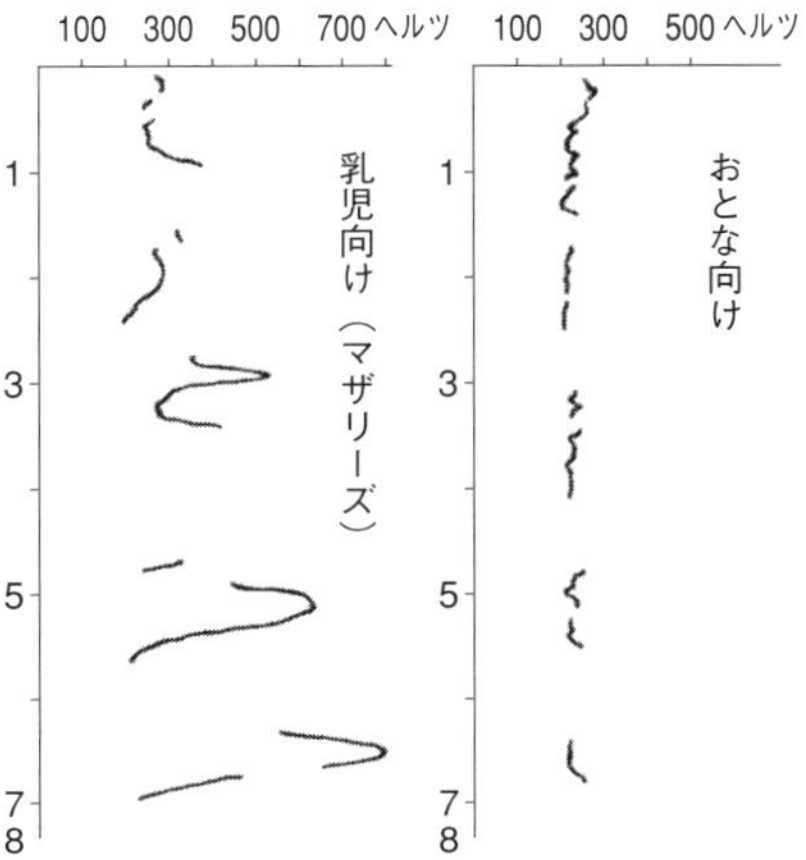

図1－8　マザリーズと大人向けの話し方の周波数分析（Fernald & Kuhl, 1987より）
図では基本周波数だけを示している。

れています。

4か月の赤ちゃんを親の膝に上に座らせ、図1－9のような装置の正面に向けます。そこにカメラを隠しておいて、赤ちゃんの頭の動きを記録します。最初に、左右どちらかのスピーカーから、マザリーズか大人向けの話し方のどちらかの録音を聞かせます。次に、反対側のスピーカーから、先程とは違う話し方の録音を聞かせます。そのペアを15回行なって、マザリーズが聞こえるほうを向いた回数を調べると、図1－10のようになりました(Fernald, 1985)。

もし、赤ちゃんがどちらも均等に見て、特に好みがないなら、図1－10の点線のような結果になるはずです。ところが、15回の半分の7～8回（矢印）よりも回数の多い側の人数が圧倒的に多いので、マザリーズの聞こえてくるほうをよく見る赤ちゃんが多かったということになります。

最近の研究では、赤ちゃんはたんにマザリーズが好きなだけでなく、マザリーズで話しかけられると脳もよく反応すると報告されています。図1－11は、生後2日から9日（平均4・4日）の睡

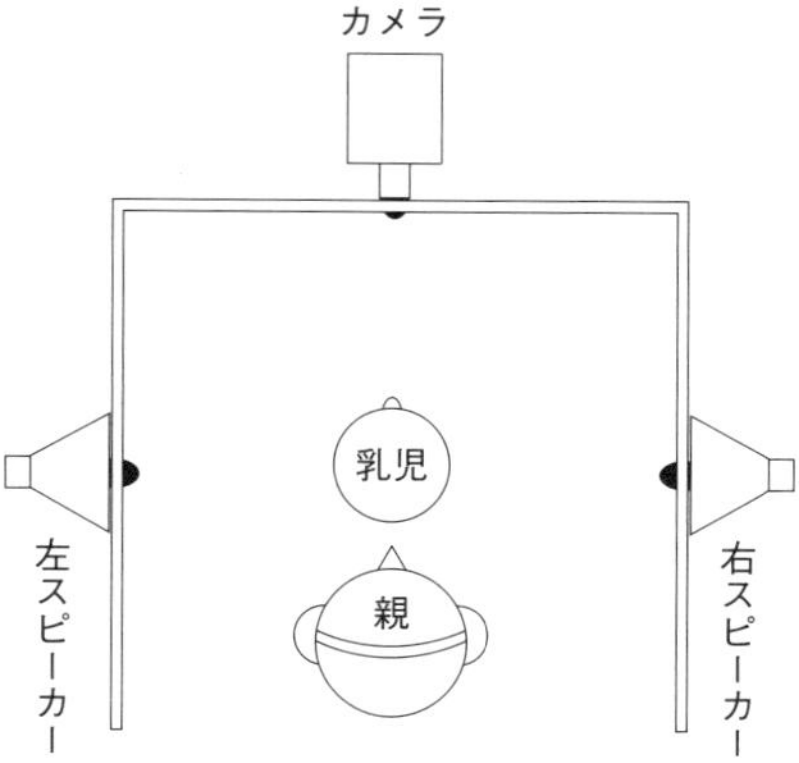

図1－9　赤ちゃんの選好実験の配置を上から見たところ（Fernald & Kuhl, 1987より）

2種類の違うものを聞かせて，どちらのほうをよく見るかという選好実験では，基本的にいつもこのようにセッティングする。

眠中の赤ちゃんに、マザリーズと大人向けの話し方を聞かせたときの、前頭部の脳血流を比較したグラフです（Saito et al., 2007）。左右のどちらでも、大人向けの話し方に比べてマザリーズを聞いたときのほうが、脳血流が増えているのがわかります。眠っていても、赤ちゃんの脳はマザリーズによって刺激され、よく反応するのです。

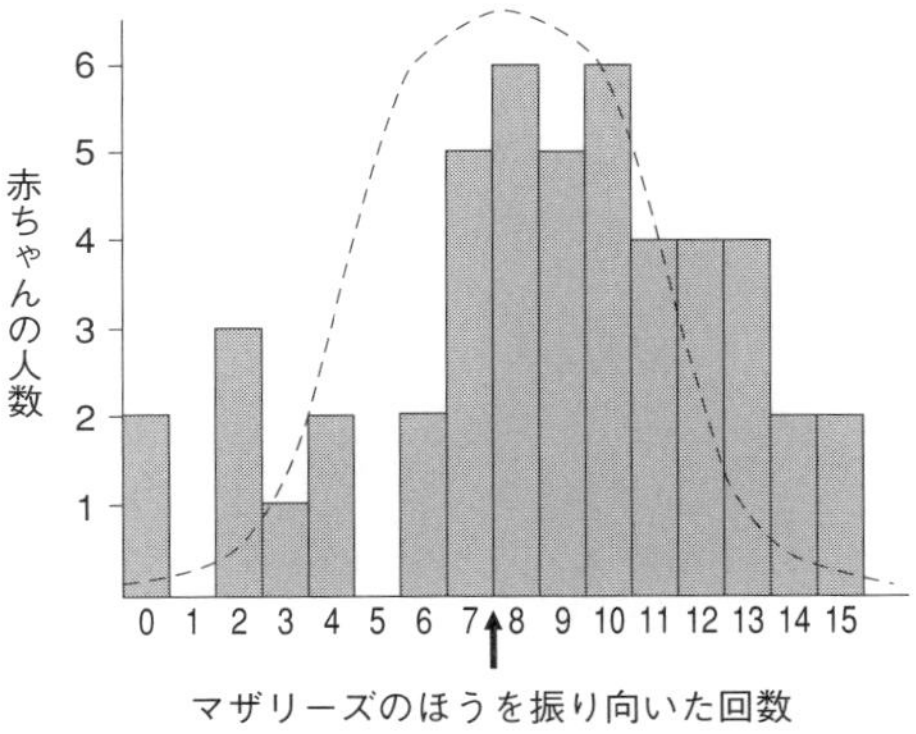

図1－10 マザリーズのほうを見た回数
（Fernald, 1985より一部改変）
4か月の赤ちゃん48人での実験結果

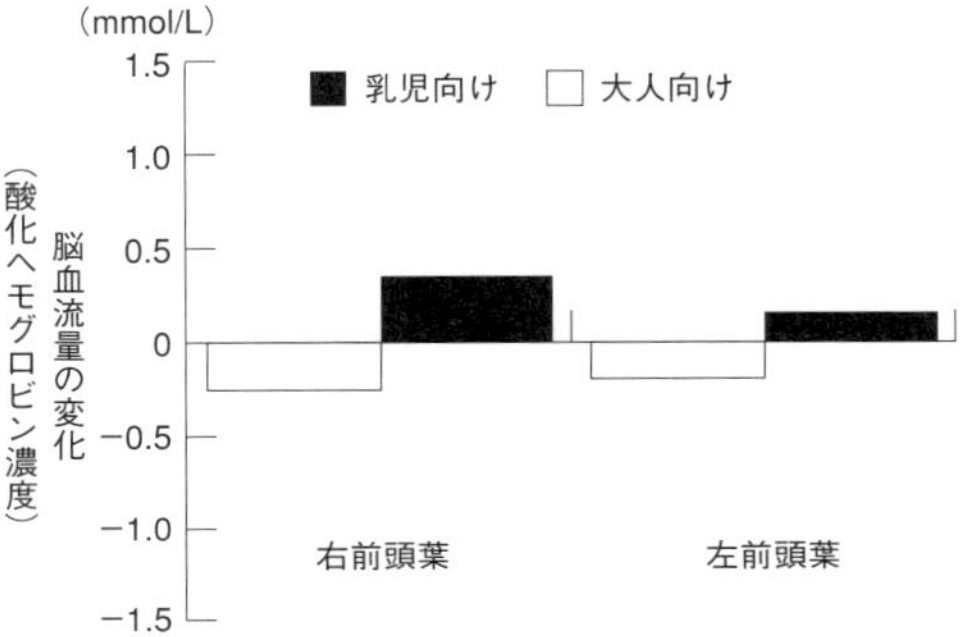

図1－11 赤ちゃんの脳血流量の変化
（Saito et al., 2007より）

マザリーズを周波数分析してみると、赤ちゃんの注意を引きつけるときにはしだいに高くなる声で、注意を維持するときには上がったり下がったりする声で、驚かすときには短く鋭い声で、逆になだめるときにはしだいに低くなる声や変化の少ない平坦な声で話しかけていることが多かったと報告されています（Fernald, 1991）。これを意識的に使用すれば、声の使い方で赤ちゃんの行動を多少ともコントロールすることができるかもしれません。ぜひ、応用してみてください。

7 赤ちゃんに歌いかける

話しかけと同じように、赤ちゃんに歌を歌うときにも、ふつうに歌うときとはちょっと違った赤ちゃん向けの歌い方を、大人は自然にしています。マザリーズをそのまま歌にしたような、語りかけるような歌い方ですが、もっとリズミカルで動作やしぐさを伴うことが多いという点が、ちょっとマザリーズと違います。声の高さは、やはりふつうより少し高めですが、マザリーズほど高くありません（Trehub et al., 1997）。

欧米でプレイソング（遊び歌）とよばれている歌に、その特徴がよく表われています。図1－12の下段は、カナダの母親が*"Little Rabbit Foo Foo"*というプレイソングを自分の赤ちゃんに歌いかけているときの音声を周波数分析したものです。基本周波数は１５０～３００ヘルツくらいの間を揺れ動いて、抑揚の大きなくっきりとした歌い方になっているのがわかるでしょう（図の丸囲み部分)。図1－7のマザリーズの周波数分析ともちょっと似ています。実際には、母親は指でチョキをしたり自分の頭をポンとたたいたりしながら歌っています。

日本では遊び歌という言い方はあまり聞きません。童謡とかわらべ歌ということが多いのではないでしょうか。図1－12の上段はその一例で、「げんこつ山のタヌキさん」を母親が自分の赤ちゃんに歌っている音声の周波数分析です。カナダの歌とほとんど同じような周波数の変化をしています。

次に、比較のために、よく歌われている大人向けの歌の周波数分析をしてみました。ここでは財津さんの歌と比較するために、男性の高い声の歌ということで秋川雅史さんが歌う「千の風になって」を選んでみました。

聴衆に向かって、芸術的に朗々と響きわた

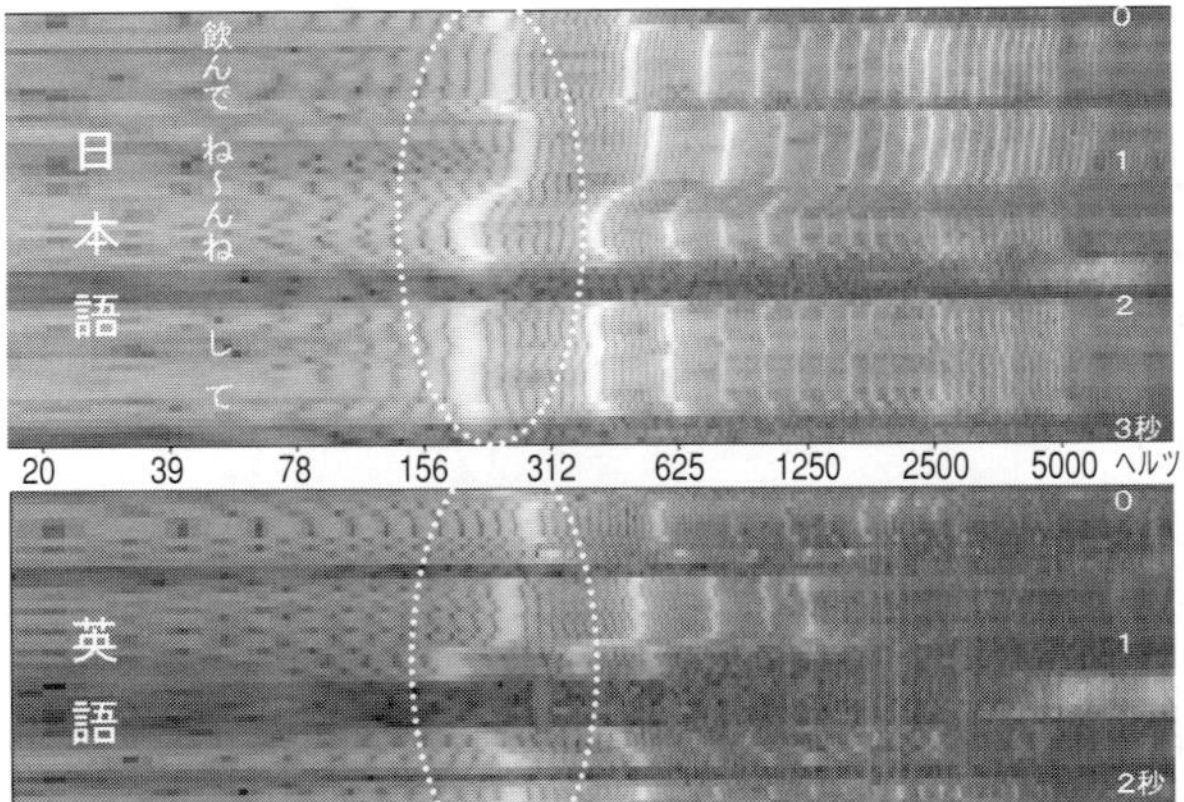

図1－12　プレイソングの周波数分析

上段が日本の，下段がカナダの母親が自分の赤ちゃんに歌いかけている。

るように歌うと、さぞや大きな周波数の変化があるだろうと、この歌の中でいちばん高低の変化が大きそうな部分を分析してみましたが、意外にも、図1－13にみられるように、非常に変化の少ない、ほとんど平坦な周波数曲線になっていました。これと比べてみると、プレイソングが明瞭で抑揚の大きな歌い方になっているのがよくわかります。

8 赤ちゃんは歌とお話のどっちが好き

では、母親が自分の子どもに向けてお話しするのと歌うのとでは、どちらが赤ちゃんの注意をより強く引きつけるでしょうか。それを調べる

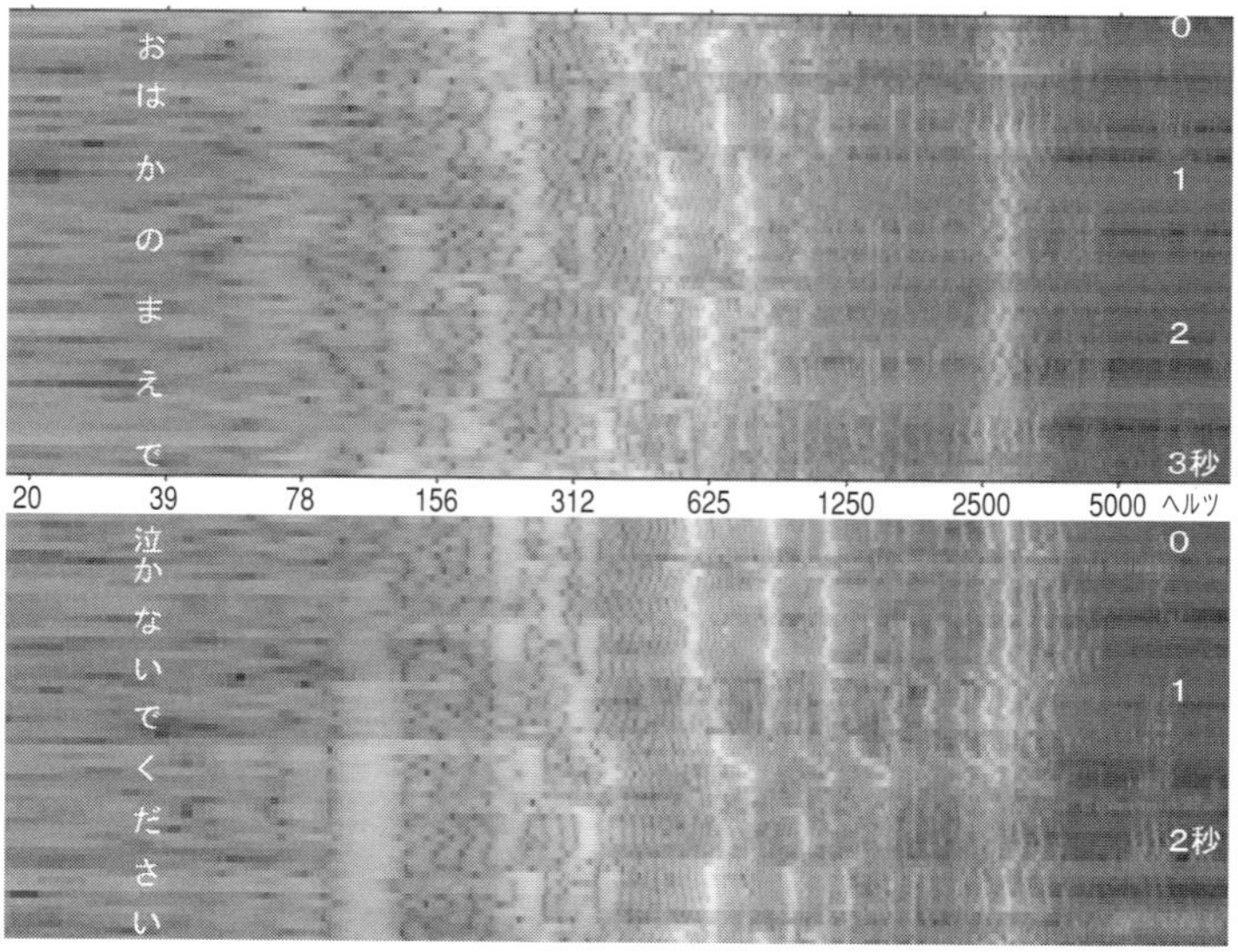

図1－13　大人向けの歌の周波数分析

ために、こんな実験が行なわれました。

生後6か月の赤ちゃんに母親が話しかける場面と歌いかける場面をあらかじめビデオに記録して、それぞれ4分間に編集しておきます。約1週間後に赤ちゃんにそのビデオを見せて、初めに注視していた時間、4分間の注視時間の合計、体を動かさずにじっと集中して見ていた時間の3つの方法で、歌とお話を比較したのが図1－14です(Nakata & Trehub, 2004)。

43人の赤ちゃんを無作為に2群に分け、片方には歌のビデオを、他方にはお話のビデオを見せて、その平均時間を比べました。その結果、3種類のいずれの比較方法でも、歌のほうがお話しよりも注視時間や集中時間が長く、より強く注意を引きつけたことがわかりました。同じ母親の声でも、赤ち

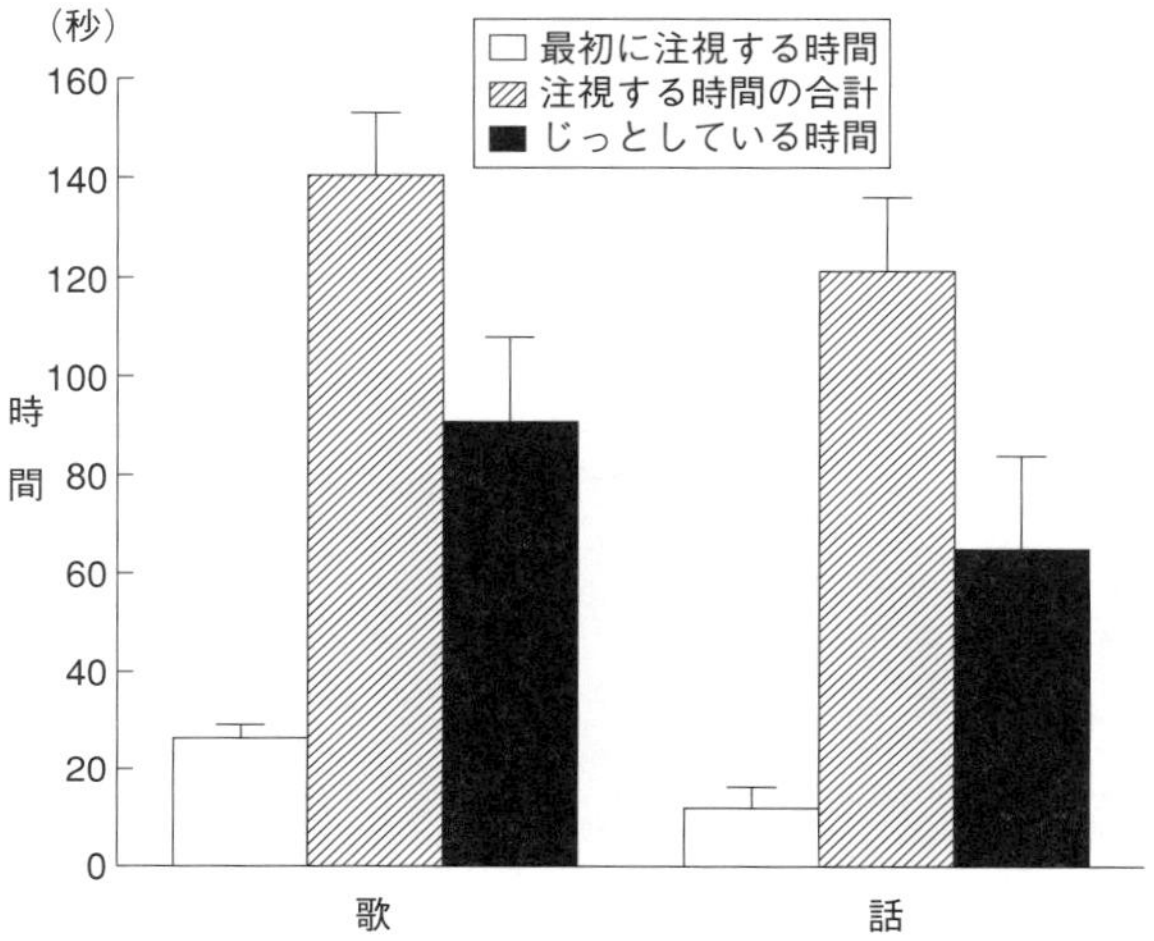

図1－14 歌と話の比較（Nakata & Trehub, 2004より）

ゃんはお話よりも歌のほうが好きなのです。

ここまで考えてくると、図1－3～1－5で分析したCMソングは、プレイソングと同じような特徴を備えているので、泣いていても脳が音楽に反応し、注意を強く引きつけられて赤ちゃんは泣きやむのだろうという結論が引き出せると思います。

このことからわかるように、子どもといっしょに遊ぶときには、朗々と響きわたるように純音楽的に歌を歌うよりは、話しかけるように歌い、歌いかけるように話す、というのが子どもの注意を引きつける秘訣かもしれません。

9 世界中のどこにでもある子守唄

赤ちゃん向けの話し方にはマザリーズしかありませんが、赤ちゃん向けの歌い方には2種類あります。ひとつは先程お話したプレイソングで、もうひとつが子守唄です。

あたりまえのようで不思議なことに、世界中のどこに行っても子守唄があります。シューベルトやブラームスのような著名な作曲家の作品もあれば、世代を越えて歌い継がれてきた無名の作者のものもあります。そんな子守唄をいろいろ集めて聞いてみると、どれも非常によく似ていることに気がつきます（Trehub & Trainor, 1998）。

プレイソングと同じように、ゆっくりとした速さでくり返しが多く、やや高い音で歌われるとい

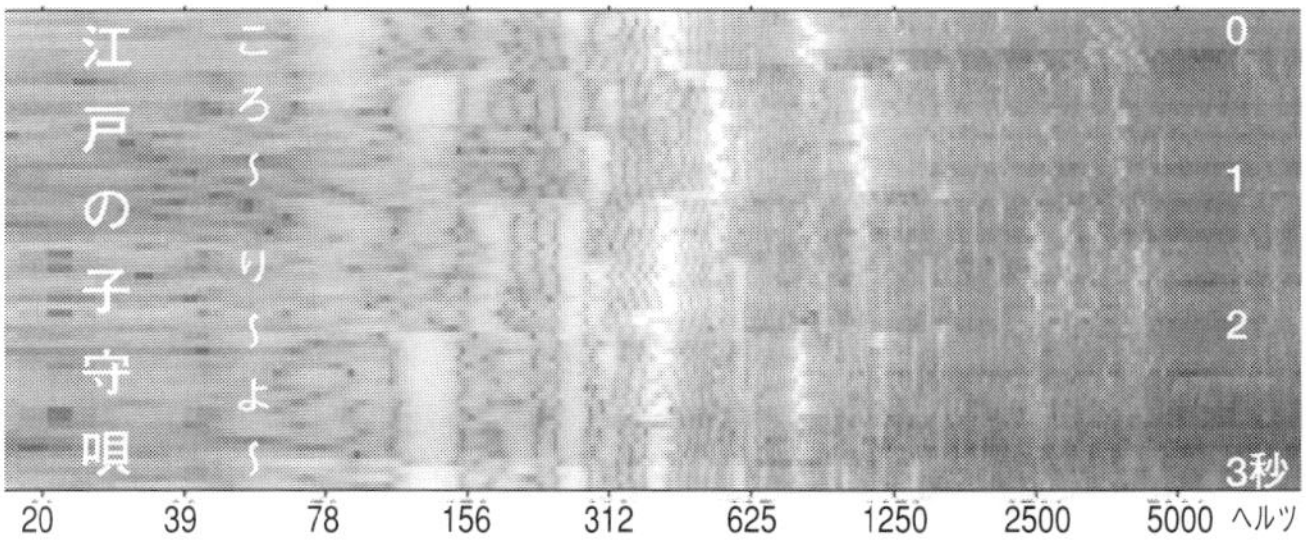

図1－15　日本の子守唄の周波数分析

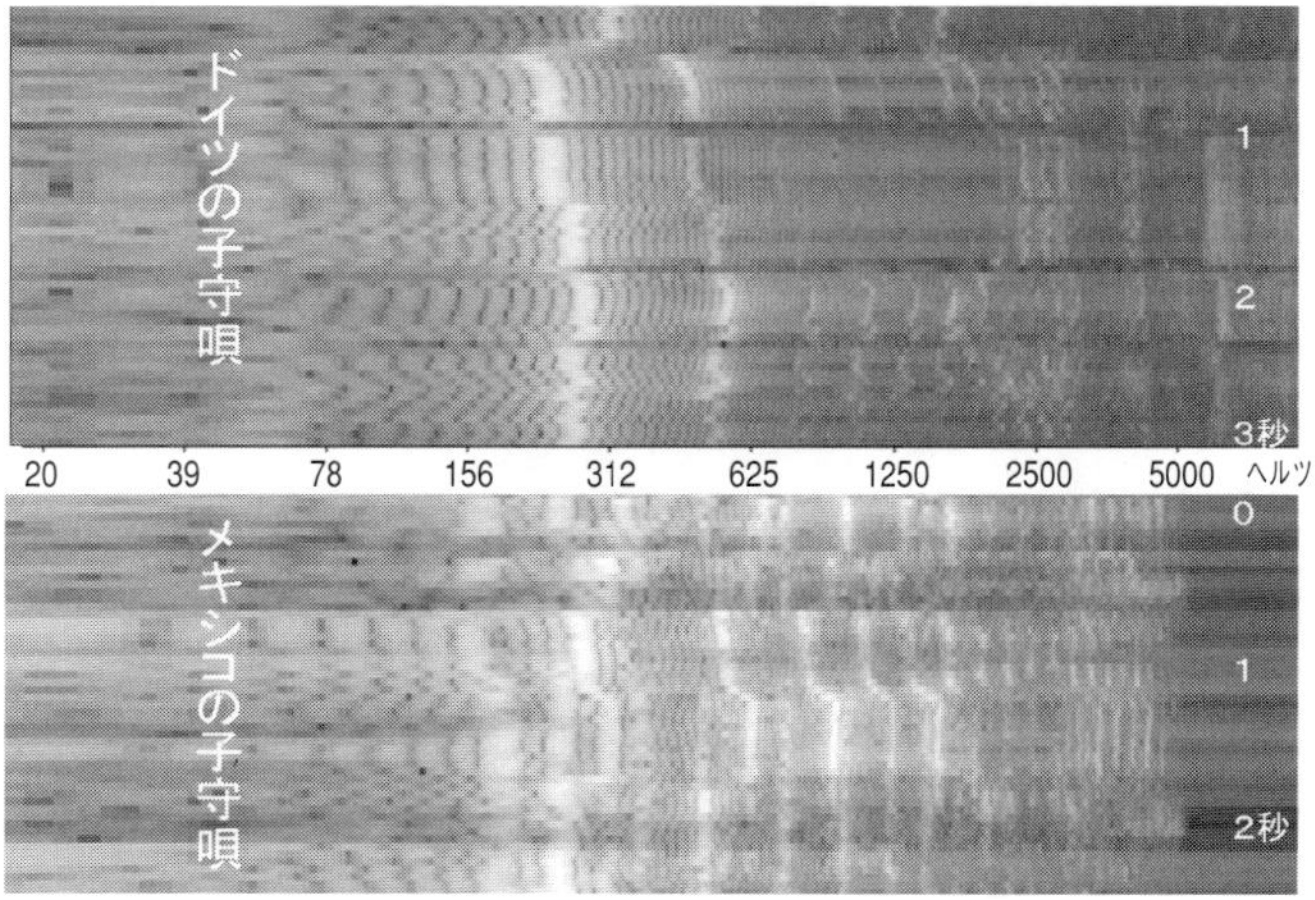

図1－16　ドイツとメキシコの子守唄の周波数分析

う、赤ちゃんが好む共通した特徴があります。一方で、リズムや音程、速度や音量の変化が少ないという、プレイソングとは違う点もあって、これが赤ちゃんをなだめて穏やかにするようにはたらきます（Trehub & Trainor, 1998）。

図１－15は、「ねんねん、ころりよ、おころりよ」という日本の代表的な子守唄、「江戸の子守唄」を周波数分析したものです（この歌の題名を今回初めて知りました）。この歌の中で、最も高低の変化が大きそうな「ころ～り～よ」の部分を分析してみたのですが、ほとんど周波数の変化のない、非常になだらかな曲線でした。

図１－16の上段は、実際にドイツ人のお母さんが自分の子どもに子守唄を歌っているのを、下段は、市販のメキシコの子守唄を周波数分析したものです。日本の子守唄とほとんど同じような結果になっています。

こういう共通した特徴があるので、知らない外国語の子守唄を初めて聞いて、言葉の意味はまったくわからなくても、それが子守唄だということはわかるのです（Trehub et al., 1993）。

10 胎児に聞こえる音

赤ちゃんは生まれてくる前に母親の胎内に約40週いますが、その後半の約20週は、もう音が聞こえています。

それは音に対する胎児の脳の反応でも確かめられています。空気でふくらませた袋を妊婦のおなかに当て、袋につないだチューブを外部の音源につないで、ポッポッポッポッという機械的な音を胎児に聞かせます。同じ音が規則的に続いた中に、時どきピーという違った音が聞こえると、そのピーという音に脳が反応します。その小さな脳の活動を磁気的に検出してコンピューターで加算すると、図1－17のように、すでに在胎28週から音に対する反応が約70％の胎児で確認されたのです（Draganova et al., 2007）。

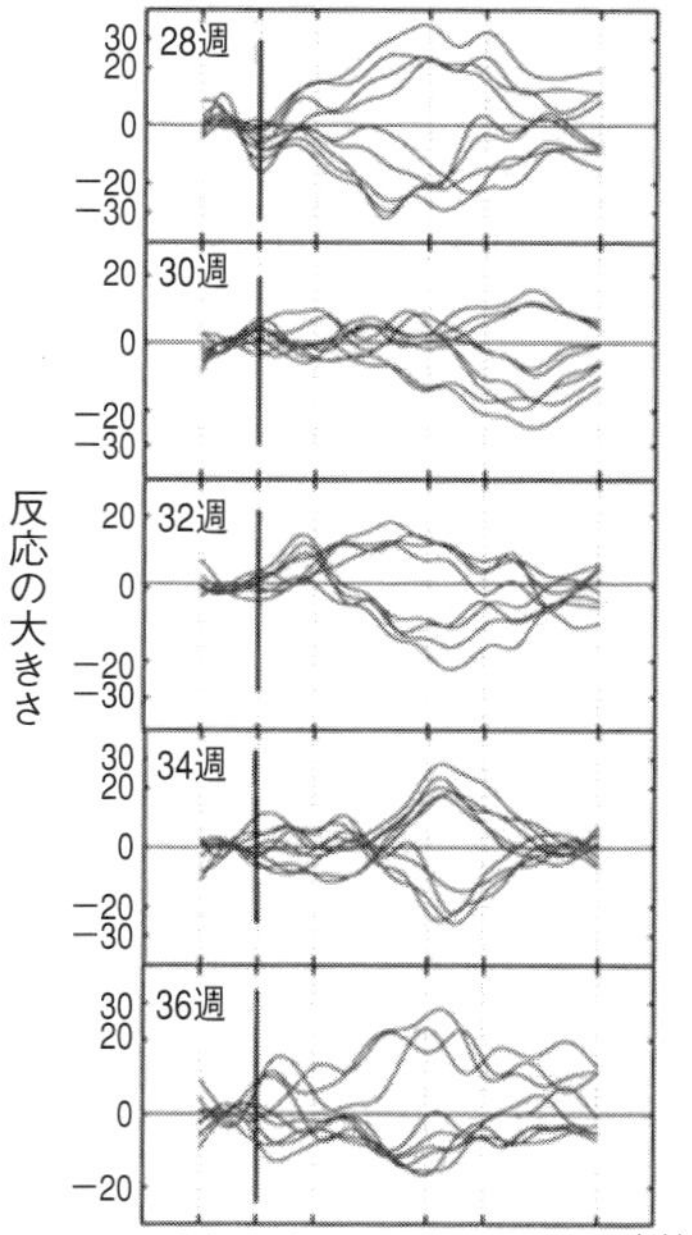

図1－17　胎児の音への反応（Draganova et al., 2007より一部改変）

各在胎週数の胎児に，500ヘルツ（ポッポッポッポッポッに相当）と750ヘルツ（ピーに相当）の音を聞かせ，胎児の頭部の周辺で磁場の変化を測定した。

では、どんな音が聞こえているでしょうか。おもに3種類の音が聞こえていると考えられています。

ひとつは母親の体が生み出す音で、たとえば腸がグルグルいう音や心臓がドクンドクン柏動する音です。こういう胎内音に長い間なじんで生まれてくるため、出生後も、泣いたりぐずったりしている赤ちゃんに録音しておいた胎内音を聞かせると、ゴゾゴゾ動いていたのがピタッと止まり、穏やかになるということが、生後8日までの赤ちゃんの90%で報告されています（Rosner & Doherty, 1979)。一方で、機嫌よくしていたり、うとうとしている赤ちゃんには特に効果はみられないようです。

2つ目は、私たちが聞いているような空気中を伝わる外界の環境音です。でも、環境音が胎児の耳に到達するまでには、母親のおなかの皮膚や子宮の壁を通り、さらに羊水を通過しなければならないので、私たちが聞いているのと同じようには胎児には聞こえていません。

仮に、外界の空気中で90デシベルの環境音が聞こえているとします。電車が通行しているときのガード下の音が１００デシベル、うるさい工場内の操業音、ピアノやステレオの音、大声で歌ったり怒鳴ったりする声が90デシベルくらいといわれていますから、90デシベルの環境音は相当やかましい音です。

それが母親の子宮内に伝わるまでに、図1-18で見るように、２０００ヘルツより高い音は20デシベルくらい減衰します。逆に、２５０ヘルツより低い音は、ほんの少し増強されます。その音が羊水を通って胎児の耳に達すると、2000ヘルツより高い音は50デシベル以下に、500〜1000ヘルツの音は約60デシベルにまで大きく減衰してしまいます。500ヘルツより低い音のほうは減衰が少なく、60〜80デシベルくらいの大きさを保っています。

そうやって多くの障壁を乗り越えてやっと胎児の耳まで届いた音も、図1－18のいちばん下の線で表わした母親の内臓が生み出す音より小さいと、その母体音によってかき消されてしまいます（Gerhardt & Abrams, 2004）。

結局、外界で90デシベルもあった非常にうるさい音でも、図1－18に斜線で示した範囲の音しか胎児には聞こえません。高い音は、せいぜい1000

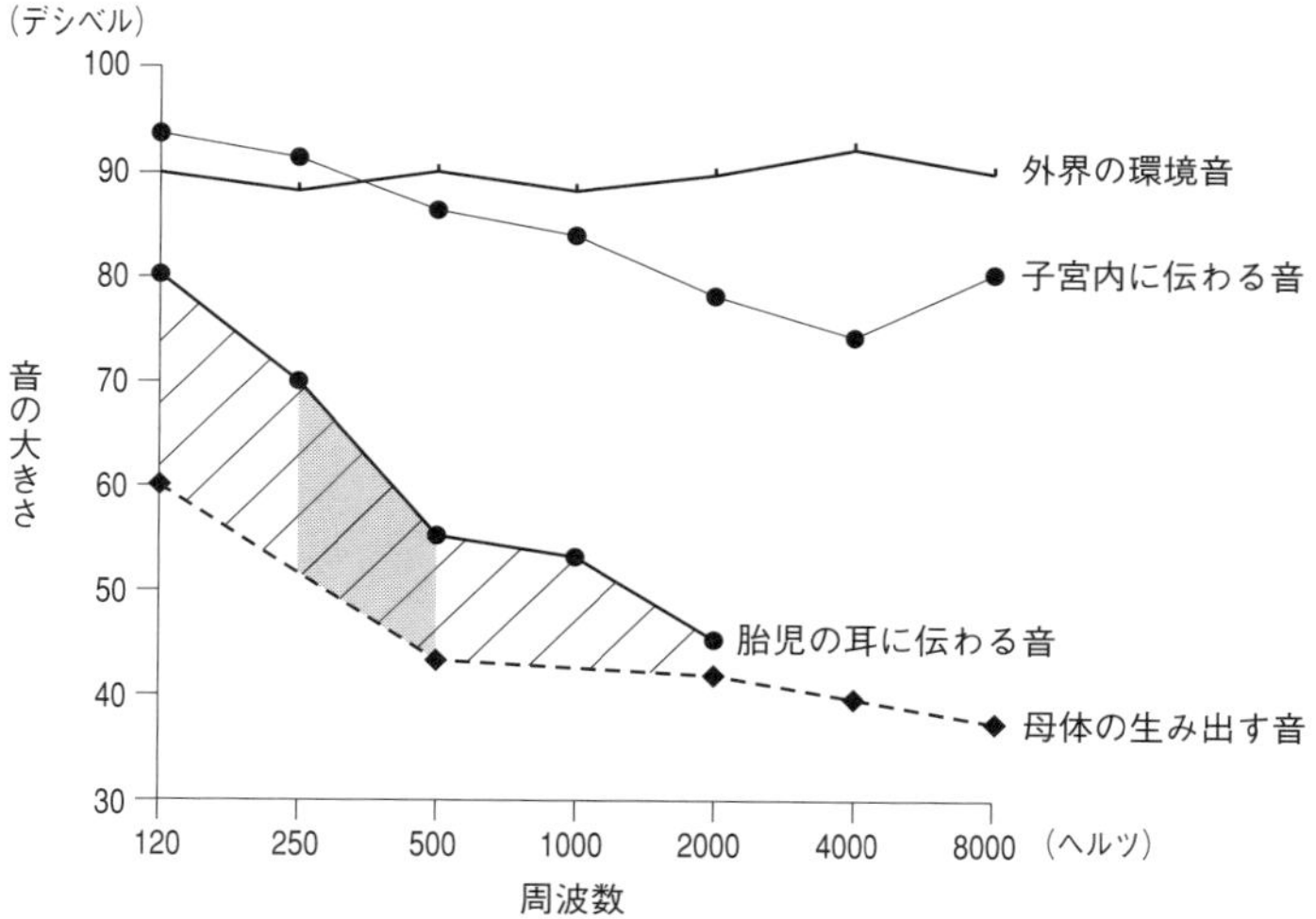

図1－18 胎児に伝わる環境音（Gerhardt & Abrams, 2004より一部改変）
斜線で示した範囲の音が胎児に聞こえる。そのうち，250〜500ヘルツの範囲を灰色で示す。

ヘルツ台くらいまで、それに比べると低い音は結構聞こえているようです。図1－2で説明した女声のふつうの声やよそ行きのやや高い声、図1－3～1－5のＣＭソングに出てきた男声の裏声、図1－7のマザリーズ、こういった声の基本周波数は、図1－18の灰色の部分に相当するので、胎児にも比較的聞こえやすい音と考えられます。胎内でもよく聞いていた音なので、赤ちゃんは、生後もそういう声によく反応するともいえるでしょう。

３つ目が母親自身の声で、これは空気中を伝わって環境音として伝わるだけでなく、母親の体の振動として直接伝わってきます。自分自身の声が、空気の振動と体の振動の両方から聞こえるのと同じことです。２つのルートの両方から聞こえるので、胎児に聞こえる3種類の音の中で、母親の声が最もよく聞こえると考えられています。

11 赤ちゃんは母親の声に反応する

だから、赤ちゃんは母親の声にとても敏感に反応します。まだ母親のおなかの中にいるときから、自分の母親の声を他の女性の声と区別して違った反応をするのです。

たとえば、在胎38週の胎児に自分の母親の声を聞かせると、図1－19のように心拍数が増えます。一方、知らない女性の声を聞かせると心拍数が減ります（Kisilevsky et al. 2003）。心拍数だけでなく口の動きも変化することが最近の研究でわかってきました。超音波検査機器が進歩して、妊娠中の胎児の動きがリアルに観察できるようになり、胎児がおなかの中で口をモグモグ動かしたり開けたりしていることまで明瞭にわかるようになってきたのです。在胎23～33週の胎児に母親の声を聞かせると、口を開ける回数が増えます。知らない女性の声や機械の音を聞かせても、口を開ける回数は変化しません（明和、2009）。

出生後の赤ちゃんはどうでしょうか。

予定日より10～14週間も早く、体重780～1270gで生まれた早産児（妊娠37週未満で出生した児を早産児といいます）に母親の声を聞かせると、ゴソゴソ動いていた赤ちゃんが、胎内音の場合と同じように、ピタッと動きをやめて穏やかになります（図1－20）。それだけでなく、血液中の酸素飽和度も上昇傾向を示します（Nocker-Ribaupierre, 2004）。反応は在胎26週からみられ、週数が増えるごとに効果が大きくなると報告されています。

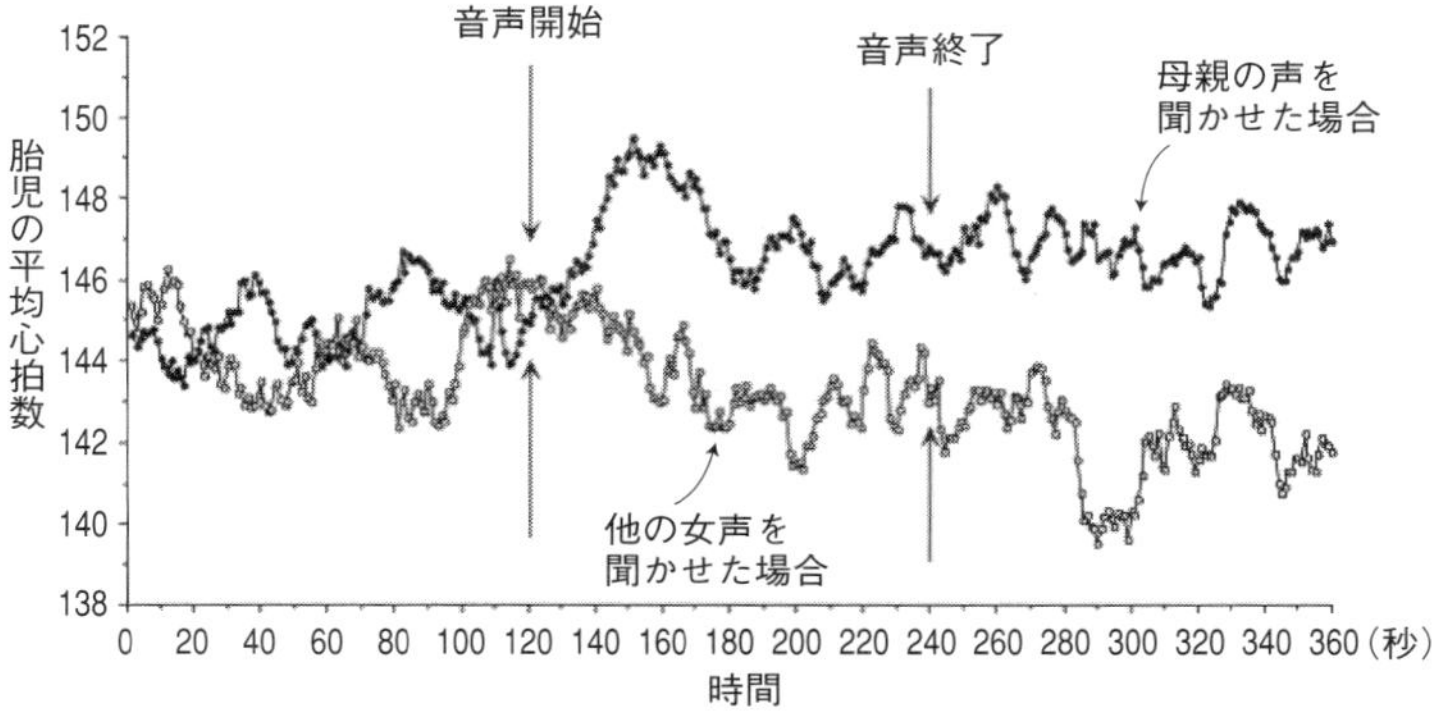

図1－19 胎児の心拍数の変化（Kisilevsky et al., 2003より）

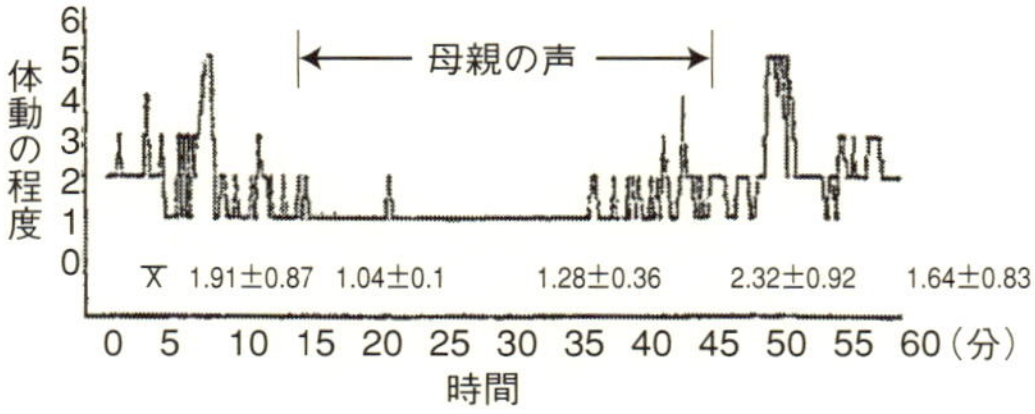

図1－20　早産児の体動の変化（Nocker-Ribaupierre, 2004より一部改変）

在胎31週に相当する日齢の早産児に母親の声を聞かせ，体動の変化を観察したもの。縦軸は体動の程度を表わし，数字が大きいほど体動が激しいことを示す。横軸は時間の経過。

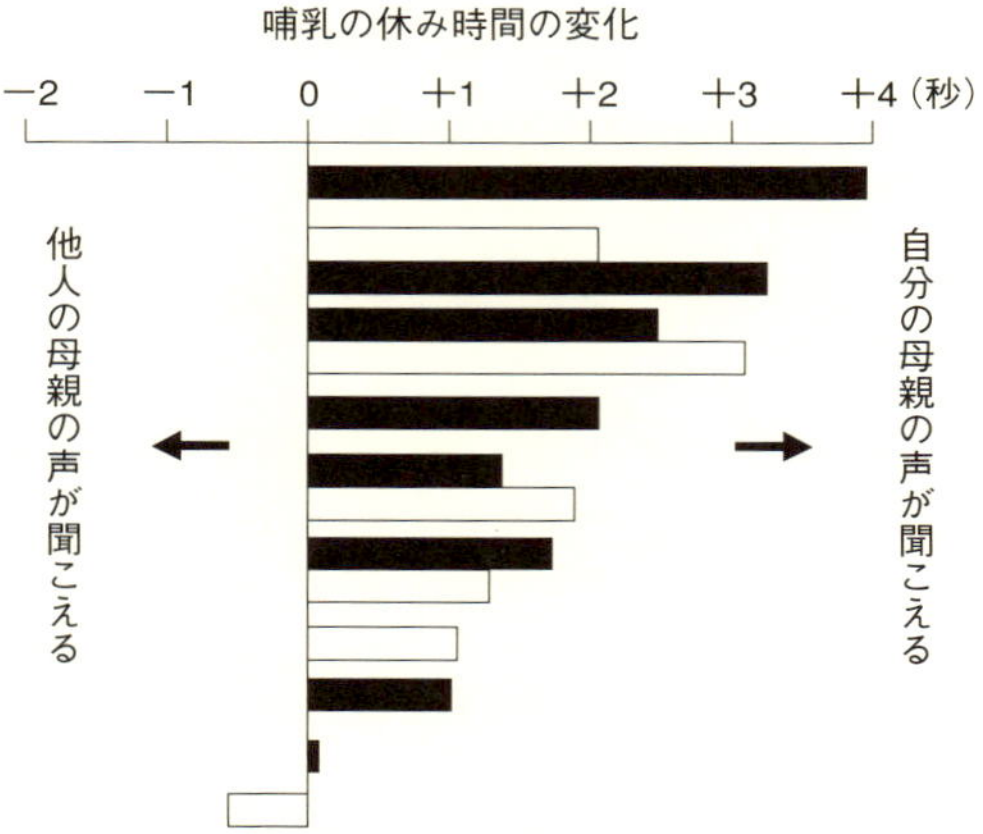

図1－21　哺乳の休み時間の変化（DeCasper & Fifer, 1980より）

＋は自分の母親の声が，－は他人の母親の声が，もっと聞こえるように哺乳の休み時間を変化させた時間（秒）。黒色の棒は，哺乳の休み時間を平均より短くすると自分の母親の声が，長くすると他人の母親の声が聞こえるようにしたときで，白色の棒はその逆。

さらに驚いたことに、生後3日の赤ちゃんは、自分の母親の声がたくさん聞こえるように自分の哺乳行動まで変化させます。赤ちゃんの哺乳にはパターンがあって、ずっと一定の間隔で哺乳をするのではなくて、キュッキュッキュッと何回か連続して吸ってはちょっと休むという風に哺乳をします。その休む時間を赤ちゃんごとに計測して、平均の時間を計算します。その上で、哺乳の休み時間を平均より短くしたら自分の母親の声が聞こえるように、長くしたら他人の母親の声が聞こえるようにして哺乳させると、図1－21の黒色の棒で示したように、ほとんどの赤ちゃんが、自分の母親の声がもっと聞こえるように、哺乳の休み時間を短くしたのです。設定を逆にして、休み時間を長くしたら自分の母親の声が聞こえるように変更すると、図1－21の白色の棒にみられるように、今度は哺乳の休み時間を長くしたのです（DeCasper & Fifer, 1980）。

12 赤ちゃんは音楽に反応する

母親の声の代わりに歌でも似たような効果があります。たとえば、在胎29週・1100gくらいで生まれ、在胎36週相当・1750gくらいまで成長した12人の赤ちゃんにおしゃぶりをくわえさせます。おしゃぶりを吸っても最初の2分間は何も聞こえませんが、次の5分間は吸うと子守唄が聞こえるようにします。これを2回くり返して、おしゃぶりを吸う回数に変化があるかどうか観察すると、音楽が聞こえるときの吸う回数が、何も聞こえないときに比べて約2・4倍に増えたのです（Standley, 2003／呉〔監訳〕、2009)。この増加は男児でも女児でも同じようにみられました。早産の赤ちゃんが、おしゃぶりを吸うと音楽が聞こえるということを早くも理解して、音楽が聞こえるように一生懸命吸うのです。

アメリカではこういう原理を応用して、図1－23のような、おしゃぶりを吸うと電気信号がプレーヤーに流れてスピーカーから音楽が流れるという装置を開発し、哺乳力が弱い赤ちゃんの哺乳訓練の治療に使われています。また、後でお話しするような、子守唄などの音楽を使って新生児集中治療室（NICU）に入院中の早産児や低出生体重児（体重2500g未満で出生した児）の発育や発達を促進するという音楽療法も行なわれています（図1－24)。

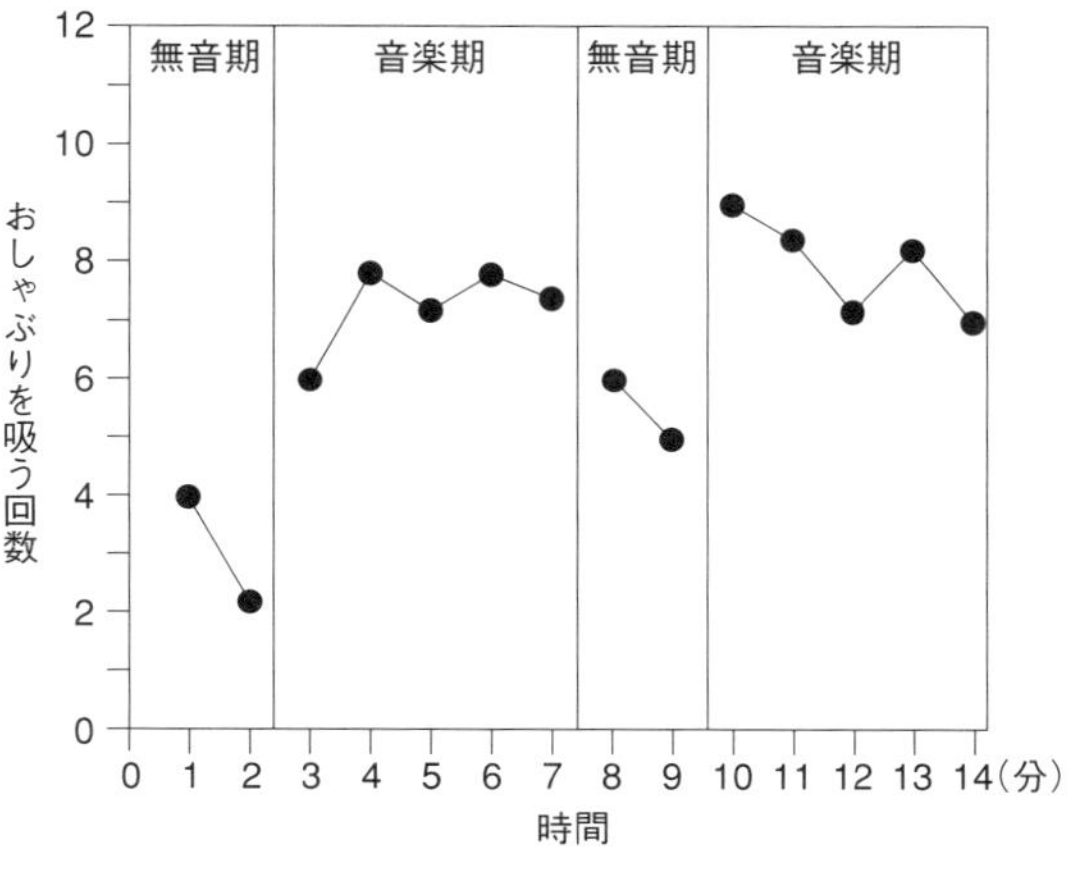

図1－22 おしゃぶりを吸う回数の変化（Standley, 2003より）

無音期はおしゃぶりを吸っても何も聞こえない。音楽期にはおしゃぶりを吸うと録音された子守唄が聞こえる。

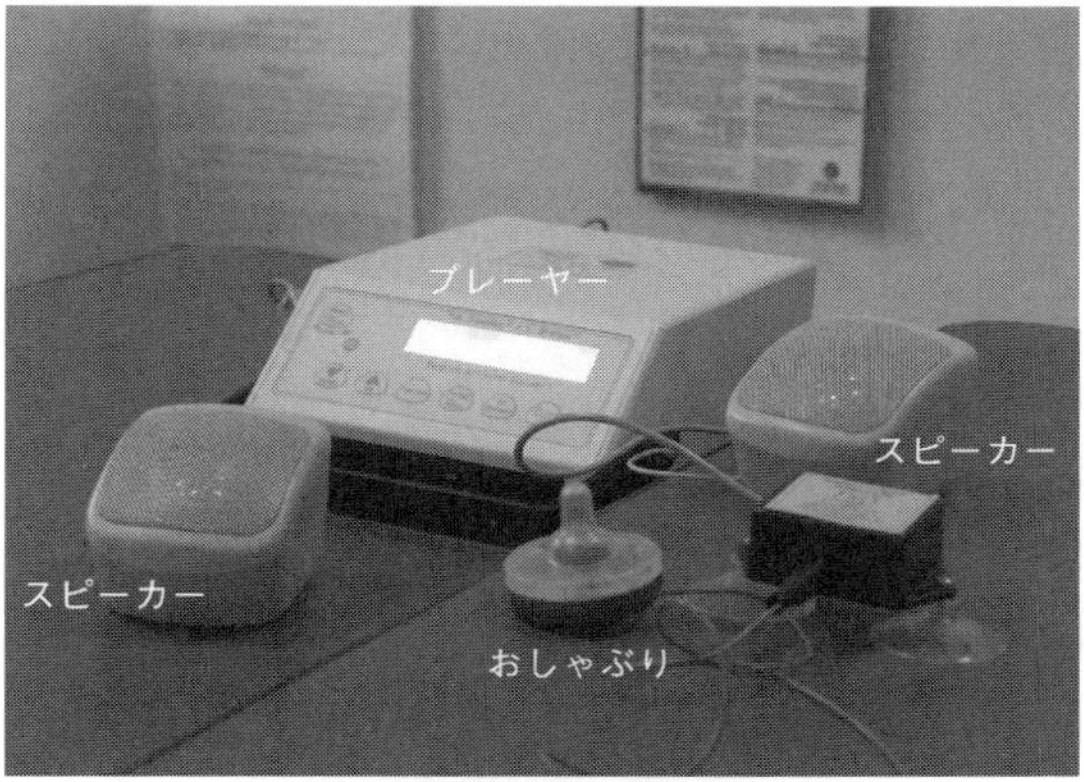

図1－23　哺乳訓練機器

図1－24　新生児集中治療室で行なわれる早産児の音楽療法（アメリカのタラハシ記念病院）

右端の女性がギターを弾きながら子守唄や子守唄風の歌を歌い，早産児を抱いた女性が赤ちゃんの状態を注意深く観察しながら，皮膚などに刺激を与えたり左右に揺らしたりする。

13 胎児や新生児は反応に時間がかかる

ここで注意してほしいのは、胎児や新生児では反応が遅く、表に出てくるまでにそれなりの時間がかかるということです。

たとえば、先程お話した在胎38週の胎児に母親の声を聞かせると心拍数が増加するという反応では、図1－21にみられるように、母親の声が聞こえてから心拍数の変化がみられるまでに30秒くらい時間がかかっています。また、母親の声が聞こえなくなっても、心拍数はしばらくずっと（この実験では2分以上）増加したままの状態が続いています。

神経系がまだ未熟なため、反応がパッパッとすばやく切り替わらないのです。そのため、辛抱強く反応を待つことが必要になります。やっぱりまだわからないんだ、と思ってはたらきかけを変えたり観察を打ち切ったりすると、せっかくの反応を見逃してしまうことになりかねません。

これは何も胎児や新生児に限ったことではありません。発達が遅くてまだ未熟な状態にある障害児（者）や、いろいろな病気によって機能が衰えた大人や高齢者でも同じことがいえます。こういう人たちは、神経系の機能や反応性という点では胎児や赤ちゃんと似たような特徴をもっているのです。こういう人と接するときには、相手の反応をじっくり待つということをぜひ心がけてください。

14 早産児や低出生体重児の生活環境

日本は超少子化社会になって出産数は激減していますが、早産児や低出生体重児はむしろ増加していることを知っていますか。たとえば、東京都の低出生体重児の出生数は、1990年に6583人だったのが、2007年には約1・5倍の9787人まで増加しています。

そういう未熟な赤ちゃんは、自分の力で呼吸や哺乳や体温コントロールなどができないので、ふつうの家庭の環境で育てられるようになるまで新生児集中治療室に入院して治療や看護を受けます。でもそこは、胎内の静かで穏やかな環境とはまったく違って、赤ちゃんの生命を守るために多くの計器（モニター）類が始終ピーピーと警報音を出し、人工呼吸器の作動音がシューシューという音をたて、さらには電話の音、医療従事者の話し声、保育器を開け閉めするガザガザという音がする、騒音の宝庫なのです。そういう音に赤ちゃんは24時間さらされています。おまけに明かりが1日中こうこうと点いています。こんな劣悪な環境に生後すぐに入れられた赤ちゃんがどんな影響を受けるか、ちょっと想像してみてください。大人がそんなところに閉じ込められたら、とても耐えられないでしょう。近頃は、昔に比べてずいぶん環境に配慮されるようになってきましたが、それでも胎内と同じというわけにはいきません。必要なこととはいえ、いろいろな検査や治療手技もストレスになります。

15 早産児や低出生体重児のストレスと音楽

そういうストレスを音楽で軽減することができます。ストレスによる余分なエネルギーや酸素の浪費が減り、それが有効に使われると、血液中の酸素飽和度や体重増加が改善して早く退院できるようになるのです。呼吸状態も安定し、早産児に特有の無呼吸（呼吸がしばらく止まる現象）が減少します（Standley, 2003）。

たとえば、在胎32～36週の早産で生まれ、生後11日以上が経過して体重が１７００ｇ以上になった40人の赤ちゃんを、２つのグループに分けて、一方のグループには、図１－24のように、子守唄や子守唄風の歌を歌いかけながら皮膚刺激や揺らし刺激を与えるという音楽療法を、１回15～30分、週に１～２回行ないます。もう一方のグループは何もしない対照群です。そうやって１日の体重増加や入院日数を比較すると、図１－25のように、音楽

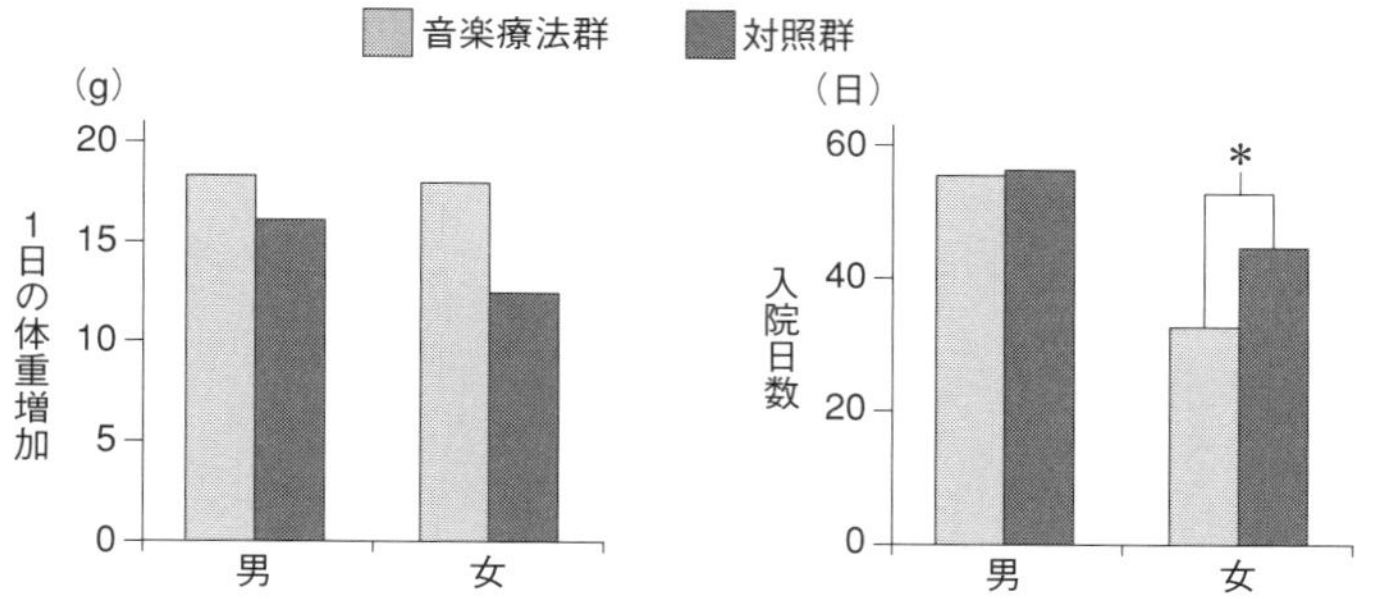

図１－25　音楽療法による体重増加と入院日数の変化（Standley, 2003より）

女児の入院日数（＊）で統計学的に有意な差がみられた。

療法を行なった女児では、入院日数が対照群より有意に短くなりました。体重増加もよくなる傾向でしたが、統計学的にはっきりした差にはいたりませんでした。一方で、男児では体重増加にも入院期間にも差がみられませんでした（Standley, 2003）。

そのわけは、出生時の聴覚能力の男女差にあります。音は空気の振動として、図１－26にみられるように、外耳道を通って鼓膜に伝わり、それが耳の奥にあるカタツムリのような形をした蝸牛に伝わります。蝸牛の中には毛の生えた細胞があって、そこで振動が神経の信号に変換されて脳に伝達されます。男児は、この蝸牛の長さが女児より短く、毛の生えた細胞の数も少ないのです。そのため、男児の音に対する反応が女児より悪くなってしまうのです。

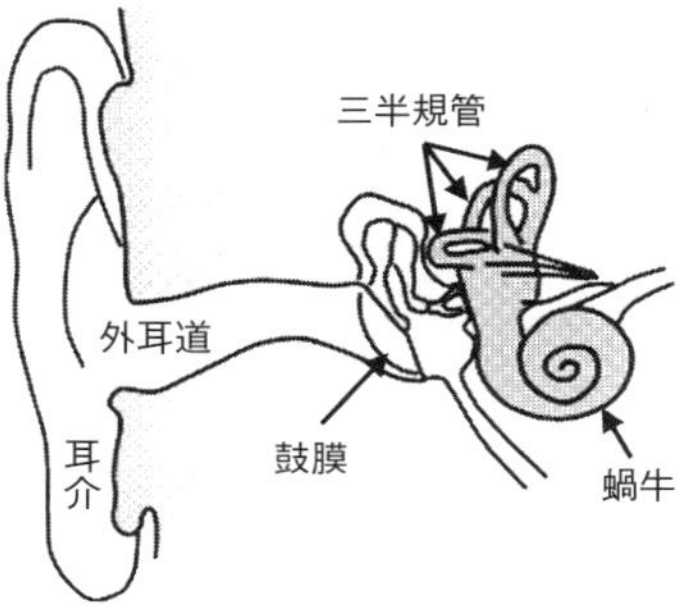

図１－26　耳の構造

16 早産児や低出生体重児をめぐる諸問題

最近、日本では、お産をめぐる医療情勢が非常に悪くなり、緊急の危険な出産を受け入れられないことが大きな社会問題になっています。その最大の原因が、産科医や小児科医の不足と、新生児集中治療室（ＮＩＣＵ）がいつも満床で新しい入院を受け入れられないことです。各方面で対策が講じられようとしていますが、医師の養成や新生児集中治療室の増設といったハード面の対応が効果を発揮するまでには、膨大な時間と費用がかかります。一方、音楽療法のようなソフト面の対応は今すぐにでもできます。それで早産児や低出生体重児が少しでも早く退院できれば、ベッドにも空きができるのではないかと期待されます。今後、日本でも普及していってほしいものです。

新生児集中治療室では、出産した母親へのケアも大切です。早産児を産んだ母親の喪失感や罪悪感、育児に対する不安は想像以上に大きく、これは日本だけでなく、世界中の母親に共通する問題です。赤ちゃんの退院までの長い間、親と子が離れて生活するため、愛着の形成が阻害されて虐待につながるケースもあるようです。

そういう母親に、赤ちゃんがまだ新生児集中治療室に入院中から、子守唄などの音楽を使って自分の子どもと関わる方法を教えると、赤ちゃんの発育や発達によい効果があるだけでなく、親が赤ちゃんに過剰な刺激をしなくなる、親自身の精神的な安定が得られる、といった効果も期待できます。自分で子どもを育てているという気持ちを親自身がもてるようになり、親の新生児室への訪問時間が増えて、親子関係の形成にもよい効果がみられると報告されています（Standley, 2003）。

音楽を使って早期から赤ちゃんに関わっていくことで、早産児や低出生体重児の長期的な発達にもよい影響があるのではないかと期待されています。というのも、脳性麻痺や未熟児網膜症といった昔からよく知られている早産児の合併症のほかに、近年、多動や自閉症などの発達障害の発生率が、早産児や低出生体重児では高いのではないかという懸念がもたれるようになってきたからです。新生児発達障害の原因や治療についてはまだまだ不明な点が多く、今後の研究成果が待たれます。新生児集中治療室での音楽療法の詳細については、『未熟児の音楽療法』(Standley, 2003/呉〔監訳〕、2009)を参照してください。

17 歌いかけの秘訣

そんなによい効果があるのなら、ぜひ子守唄を歌いたいけれど、子守唄をあまり知らないんです、あるいは、音痴で歌が歌えないんです、という人もいることでしょう。ご心配なく。由緒正しい子守唄でなくてもいいのです。

前にも説明したように、子守唄にはゆっくりとした速さでくり返しが多く、やや高い音で、リズムや音程や速度の変化が少ないという共通した特徴があります。そういう「子守唄のスタイル」のものなら、れっきとした子守唄でなくても同じような効果があるのです。自分の好きな歌を「子守唄のスタイル」に自分でアレンジして歌ってもいいし、ハミングでもいいのです。別に歌でなくても、「子守唄のスタイル」で赤ちゃんに自然に話しかければ、それはもう即席の自作の「歌」になっているのです。あまり「歌う」ことや子守唄にこだわらず、自分の子どもに対する素直な気持ちを話しかけるように歌ってみてはいかがでしょうか。これなら誰でも簡単にできるでしょう。

子どもと遊ぶときや活発に活動するときに歌うプレイソングも同じです。北米で行なわれた調査では、最近では子守唄よりもプレイソングのほうが、よく子どもに歌われているようです。

18 子守唄の不思議

「江戸の子守唄」や「五木の子守唄」などのよく知られた日本の子守唄17曲と、世界各地で広く歌われている子守唄19曲を集めて楽譜を調べてみると、440ヘルツの「ラ」の音（Aの音）がいちばん多く、次いでそのとなりの392ヘルツの「ソ」の音が、最もよく出てくる音だったという結果が報告されています（陶山ら、2006）。図1－18で説明したように、このあたりの周波数は胎内でもよく聞こえています。

おもしろいことに、赤ちゃんの泣き声もちょ

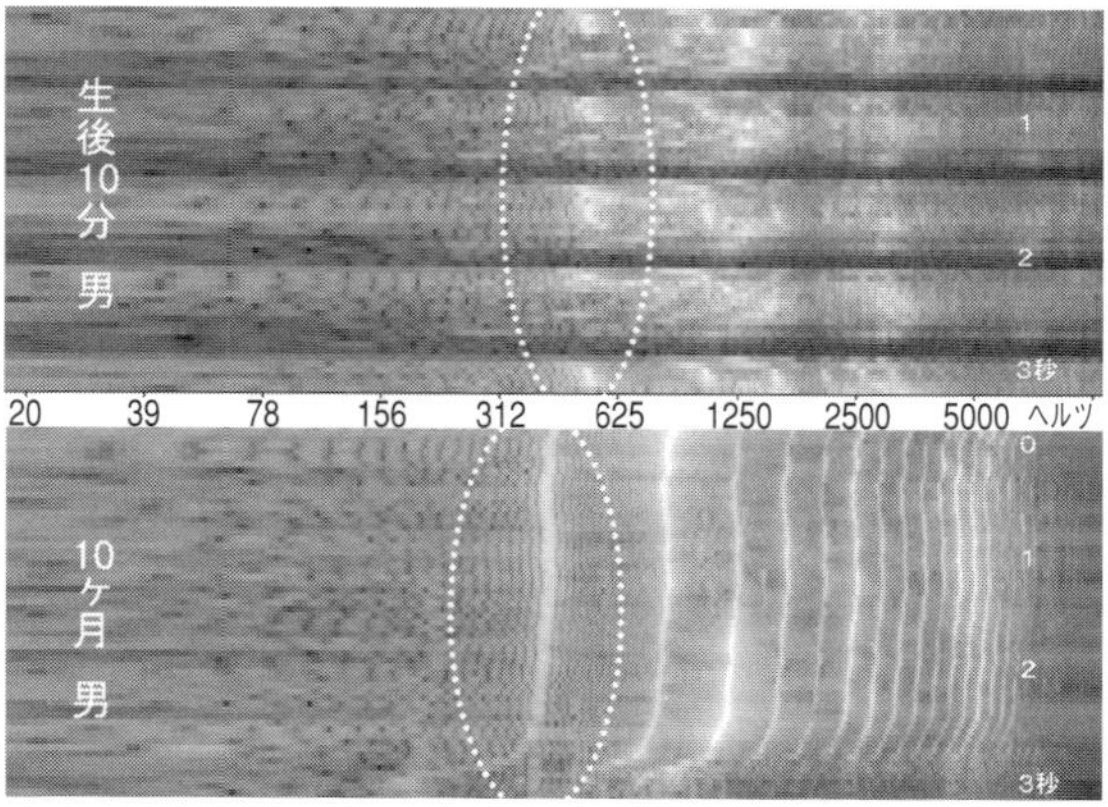

図1－27 赤ちゃんの泣き声の周波数分析その1

基本周波数を点線の丸で示した。

うどこのあたりの周波数になるのです。図1－27に生後10分と10か月の日本の男児、図1－28に外国の女児の泣き声の周波数分析を示しますが、いずれも、ほぼ400～500ヘルツ付近にあることがわかります。

胎内によく聞こえる音、赤ちゃんの泣き声、赤ちゃんをなだめて穏やかにする子守唄の音の3者が、ほぼ同じ音域にあるというのはとても興味深いことではないでしょうか。偶然かもしれませんが、現代のオーケストラの演奏会で、演奏前に楽器の音合わせに使われているのも同じ音域の440ヘルツの音なのです。

チンパンジーは出生後の数か月間、赤ちゃんを常に肌身離さず抱いて育てますが、人間は赤ちゃんを親の体から離して育てるように進化したので、赤ちゃんと親との絆を築くために間を取りもつものが何か必要になります。離れていても聞こえる歌は、そういう手段としては最適です。世界中のどこに行っても子守唄があるというのも、そういう必然性があったからではないでしょうか。

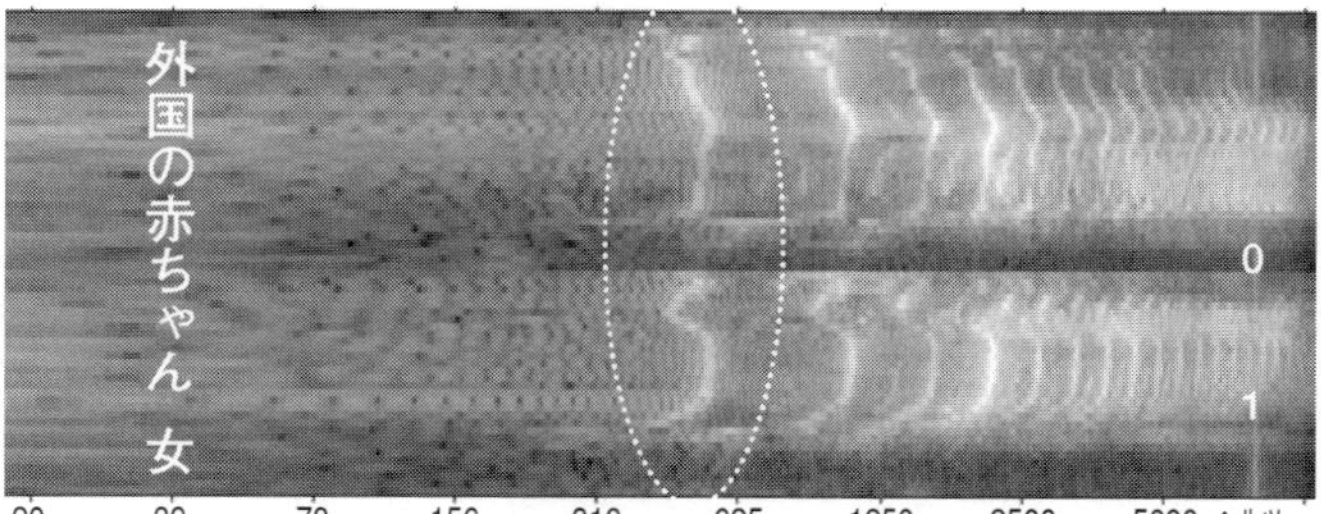

図1－28 赤ちゃんの泣き声の周波数分析その2

第2章 赤ちゃんの感覚

1 赤ちゃんは口で物を見る

第1章では赤ちゃんの聴覚の話をしましたが、人にはそれ以外にも視覚、触覚、嗅覚、味覚、位置覚などたくさんの感覚があって、すでに赤ちゃんの時期からはたらいています。とはいっても、多数の感覚が独立して周りの世界の情報をバラバラにキャッチしているわけではなく、発達が未熟な段階にあればあるほど、各感覚の独立性は薄くなり、ひとつの感覚の刺激でもいろんな脳の部位が活動するという傾向があります。

たとえば、生後1か月の赤ちゃん32人に、図2－1のような2種類の形のおしゃぶりのどちらか一方を吸わせます。90秒後におしゃぶりを口から取り出して両方を同時に見せると、75%の赤ちゃんが、自分の吸っていたほうのおしゃぶりのほうを長く見たと報告されています（Meltzoff & Borton, 1979）。つまり、赤ちゃんはたんに口で物をさわっている（触角）だけでなく、「見て」もいる（視覚）のです。「目は口ほどにものを言う」という言葉がありますが、「口は目ほどにものを見る」というわけです。

そこで、私たちは、赤ちゃんがミルクを飲んでいるときの脳の活動を、光トポグラフィーという装置で実際に調べてみました。光トポグラフィーというのは、近赤外線という太陽光線の一成分を照射する装置です（図2－2）。それを頭に当てると、光が脳組織の中を通り、反射して戻ってきます。その間に減衰した光の量を検出することで、通過した部位の酸素濃度の変化がわかります。脳活動のさかんな部位には血液がたくさん供給され、その部位の酸素濃度が増えるので、それをこ

図2－1　2種類のおしゃぶり（Meltzoff & Borton, 1979より）

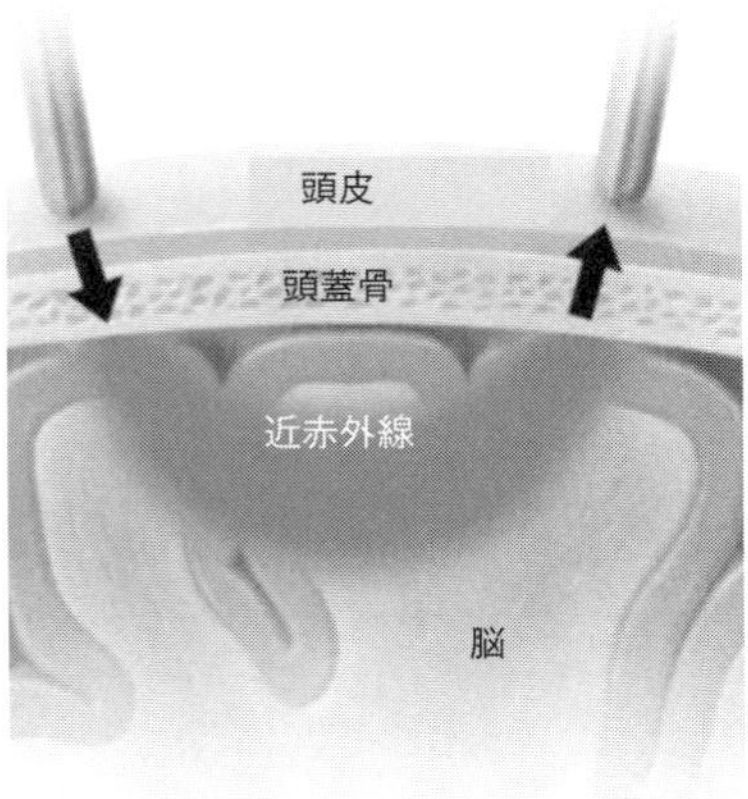

図2－2　光トポグラフィーの原理（呉・長谷川，2005より）

の装置でキャッチするわけです。

この装置を使って、哺乳時の脳活動を、新生児と生後1か月の赤ちゃん、それぞれ約30人ずつで調べてみると、舌や口などの哺乳運動や触覚に関係する脳の部位だけでなく、たとえば物を見るときにはたらく後頭部の視覚野など、もっと広い範囲の脳の活動が両群の赤ちゃんで増加していました（呉・長谷川、2005）。赤ちゃんの脳は、いろいろな感覚に対して広く反応する、未分化な状態といえるかもしれません。

2 共感覚（感覚間相互作用）

このように、環境からのいろんな刺激が脳に作用して、赤ちゃんの発達をうながしていきます。そういう感覚からの情報が相互にマッチしていると理解が促進されます。逆に、相反していると誤解を招きます。

この感覚間相互の誤解をうまく利用しているのが腹話術です。人形の口がパクパク開閉するのを目で見ていると、実際に話をしているのは人間でも、その人の口は閉じたままのように見えるので、あたかも人形が話をしているかのように錯覚するのです。

映画館で映画をみるときにも、同じ現象が起こっています。実際の声は天井や部屋の隅に隠されたスピーカーから出ていますが、スクリーンに登場する人物が口を動かしているのを目で見ているので、その人が話をしているように感じるのです。

同じような視覚と聴覚の相互作用を示す現象に、マガーク（McGurk）効果というものがあります。「ガ」と発声している口の動きを音のない映像で見ながら、同時に「バ」という音声を聞くと、どういう音声だと感じるかという、視聴覚のミスマッチの効果をみたものです。大多数の人が、「ガ」でもなく「バ」でもない、その中間の「ダ」を聞いたように感じるのです（McGurk & MCDonald, 1976）。

こういう各種の感覚が相互に影響し合っていることを、共感覚とか、感覚間相互作用、英語ではクロスモダルとか、クロスモダリティといいます。赤ちゃんが大人になるまでに、脳の感覚間の相互作用がどのように発達していくのか、今、多くの研究者がたいへん注目して研究しています。

3 赤ちゃんは聴覚優位

たくさんある感覚の中でも、人に最も大きな影響を与えるのが視覚と聴覚です。

皆さんは、稲妻がピカッと光ってゴロゴロと音をたてたら、どちらに注意を引きつけられますか。もし光と音が分離されて光だけが左側から見え、音だけが右側から聞こえたら、どちらのほうを見ますか。おそらく、たいていの人は無意識に光のほうに目を吸い寄せられることでしょう。大人は目からの情報のほうが耳からの情報よりも優位に作用する「視覚人間」なのです。

でも、赤ちゃんは違います。第1章でみてきたように聴覚が非常に敏感なので、音のほうに強く反応する「聴覚人間」なのです。

それは、8～16か月の赤ちゃんに、図2－3のような、ある音と図形のセットを同時に提示した実験でも裏づけられています（Robinson & Sloutsky, 2004）。同じ音と図形のセットをずっと提示していると、赤ちゃんは飽きてしまって見なくなります。そうなったときに、音か図形の片方だけを新しいものに替えて提示します。その新しいセットを、変更前よりどれだけ長く見るようになるかを調べてみると、音を新しくしたときのほうが図形を新しくしたときよりずっと長く見ていたのです。さらに、両方とも新しくした場合を片方だけのときと比べてみると、両方とも新しいときは、図形だけ新しいときよりずっと長く見ていましたが、音だけ新しいときとは差がなかったのです。

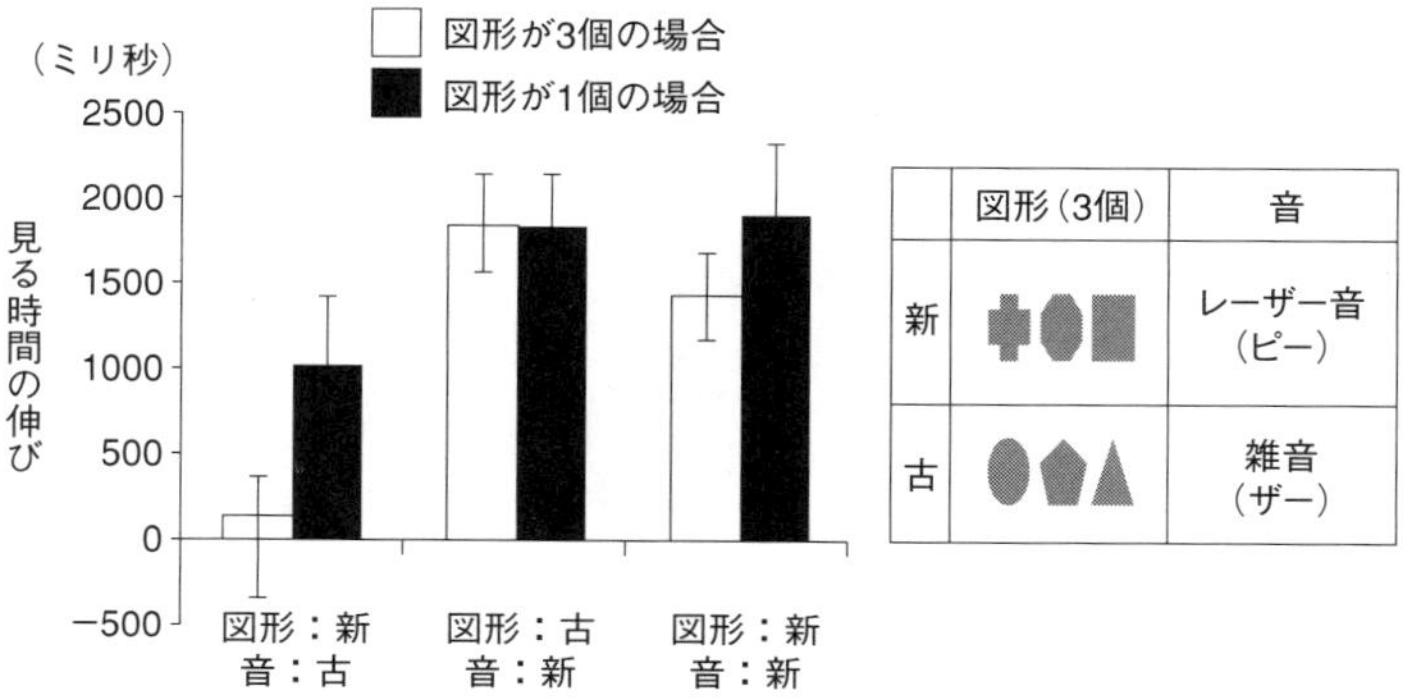

図2－3　図形や音の変化と注視時間の関係（Robinson & Sloutsky, 2004より一部改変）

図形が1個の場合と3個の場合の二通りの結果を示す。右側の表は，図形が3個の場合の例。

この関係は、図形が1個のときでも3個のときでも、基本的には同じでした。この結果からも、赤ちゃんにとっては、耳で聞くもののほうが、目で見るものより強く作用していることがわかります。

赤ちゃんの視力は新生児で0・02くらいといわれているので、聴覚に比べるとかなり見劣りするようです。参考までに、新生児の聴力スクリーニング検査（難聴の早期発見にために行なわれる）で使う音の大きさは、ささやき声くらいの35デシベルです。何といっても胎内での経験が違います。在胎期間の後半は音を聞いて育つのに比べると、胎内では光も限られるので、あまり大した視覚の経験はできないでしょう。

4 ネズミからサルへ

地球上に初めて哺乳類が誕生したとき、それはネズミのような夜行性の動物だったと考えられています。夜は光がなく真っ暗ですから、視覚に頼っていては生きていけません。ちょっとした音の情報を頼りに行動するので、「聴覚動物」ということができます。実験でネズミを飼っていると、餌をくれる飼育者の靴音にネズミが敏感に反応するということをよく聞きますが、それだけ音に敏感なのです。

哺乳類の進化に伴って、たとえばサルのように、昼間に行動する動物が誕生します。サルは木登りをしたり木から木に飛び移ったりしますから、視覚からの情報が大切になります。つまり、哺乳類は夜行性から昼行性に、聴覚優位から視覚優位に進化してきたということができます。

そういう進化に伴う系統発生を、人は、赤ちゃん時代の「聴覚人間」から大人の「視覚人間」に成長するという個体発生の中でくり返しているということもできるでしょう。では、いったいいつ頃、聴覚優位から視覚優位に変わっていくのでしょうか。

それはまだはっきりわかっていませんが、4歳頃ではないかという研究があります。この研究では、図2－4の上段に示したように、「ピー」というレー

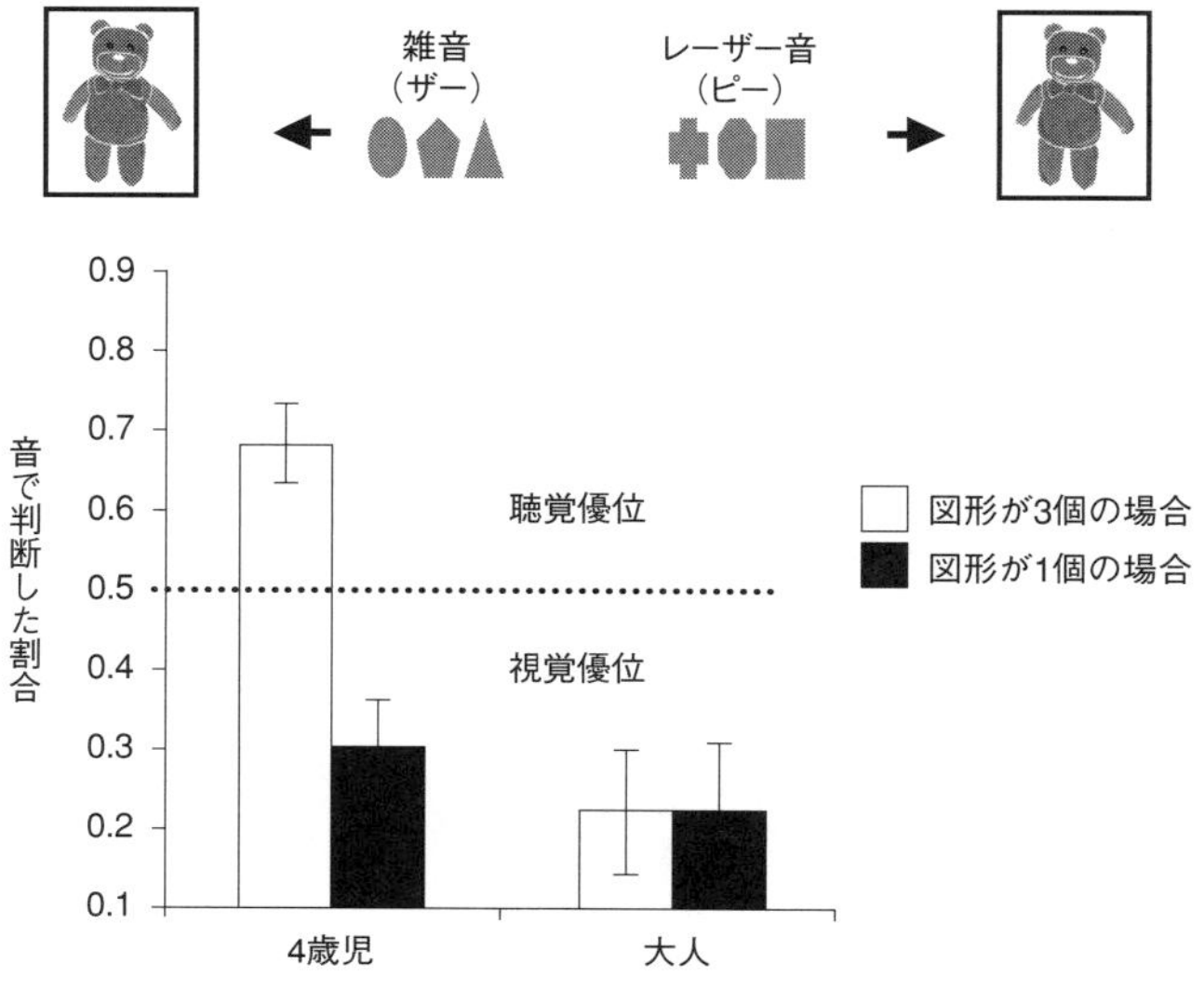

図2－4　図形や音の変化と判断基準の関係（Robinson & Sloutsky, 2004より一部改変）

図形が1個の場合と3個の場合の二通りの結果を示す。縦軸は，音で判断した人数を全部の人数で割ったもの。0.5以上なら聴覚優位，以下なら視覚優位を表わす。

ザー音と✚⬮■という図形のセットが提示されたら右側の箱から動物のぬいぐるみが出てくる、ザーという雑音と●⬟▲という図形のセットが提示されたら左側の箱から動物のぬいぐるみが出てくる、ということをまず学習させます。充分学習した後に、音と図形の組み合わせを替えて、レーザー音と●⬟▲という図形を同時に提示したら、ぬいぐるみが出てくる方向を予想してどちらの箱に目を向けるかを調べるのです。

大人は「視覚人間」なので、図2－4のように、図形が1個か3個かという複雑さの程度にかかわらず、図形を判断のよりどころにして左側の箱を見る人が多く、4歳頃の子どもでは、図形が1個で単純なときは図形で判断して左側を、図形が3個になって複雑なときは音で判断して右側を見ることが多いという結果でした（Robinson & Sloutsky, 2004）。音で判断した子どもに図形で判断するように指示しても、まちがって音で判断してしまう子どもがかなりいることもわかりました。図2－3の8～16か月の赤ちゃんの場合は、図形の個数にかかわらず、音のほうが強く注意を引きつけたのですが、4歳頃になるとしだいに視覚の影響が強くなってくるのではないかと推測されます。

5 わかりやすい刺激とは

実験で使う刺激は別にして、実際に世の中で経験するものは、いろいろな感覚の情報を同時に発信しています。色があれば形もある。振れば何か音がするし、触れたときの手ざわりやぬくもりも感じるし、においがすることもあるといった具合に、多数の感覚を同時に刺激しています。赤ちゃんの周りにはそういうものがあふれていますから、それを区別して理解していくのは、実はそんなに簡単なことではないはずです。

だから、刺激が多すぎたり、時間や意味がずれていたりすると、理解がむずかしくなります。発達段階が未熟であればあるほど、感覚間のミスマッチや刺激の過剰は誤解や混乱を引き起こすことになります。

たとえば、おもちゃのハンマーで床をたたくテンポやリズムの違いを、いつ頃から区別できるようになるかを調べてみると、音と映像が同期して同じテンポやリズムを示していると、テンポは3か月で、リズムは5か月でわかるようになりますが、両者が時間的にずれていると理解できる年齢がもっと遅くなってしまいます（Bahrick & Lickliter, 2000）。

6 発達障害の感覚の特徴

これは何も赤ちゃんに限ったことではありません。たとえば、こんなことが実際にありました。ピアノの伴奏で歌を歌いながら手遊びをするという幼児のグループ活動で、いつも活動に参加できない男の子がいました。走り回ってばかりいるので多動ではないかと疑われていました。ところがあるとき、何かの拍子にピアノ伴奏をやめて歌だけで手遊びをしたところ、走り回っていたこの子が席について、皆と同じ活動に参加したのです。これを契機に、それからは走り回ることもなくなり、着席して皆といっしょに活動できたのです。

歌を歌うときにピアノの伴奏をするのは、ある意味、あたりまえかもしれません。でも、それは大人の感覚での判断で、この子にとってはピアノ伴奏が入ると刺激過剰になって、落ち着かなくなっていたのかもしれません。どの子も皆同じ感覚をもっていると勝手に錯覚してしまいがちですが、それぞれの子どもの発達段階によって感覚の受容や理解がずいぶん違うという一例です。

図2－5　りんごの写真

特に、発達障害の子どもの感覚はかなり特殊です。図2－5を見てください。この写真には大きな丸いりんごが真ん中にありますが、水滴やりんごの芯も同時に写っています。都合で白黒写真になっていますが、本来は、赤という色の情報もあります。でも、芯のあたりは茶色です。それから、食べ物、果物といった意味の情報もあります。たった1枚の写真にも、これだけたくさん違った意味の情報が入っているのです。

でも、ふつうは、この絵を見せながら「りんご」というと、誰に教えられなくても自然に、真ん中にある大きな丸いものがりんごなんだと考えます。ところが、たとえば広汎性発達障害（自閉症やアスペルガー症候群などを包括したもの）の子どもの場合には必ずしもそうではありません。全体的なものをまず大まかにざっと把握するとは限りません。いきなりりんごの表面の水滴に目がいって、この水滴と「りんご」という音がつながって頭にインプットされるかもしれません。あるいは、水滴にとらわれてしまって音の情報は入らないかもしれません。

一般的に、広汎性発達障害の子どもは細かいものを見つけるのが得意です。たとえば、図2－6の絵の中で、ひとつだけ他と違っているものを見つける、というような課題にはすばやく反応します（Dakin & Frith, 2005）。ところが、図2－7の絵の中に○を見つけるというような、全体像を

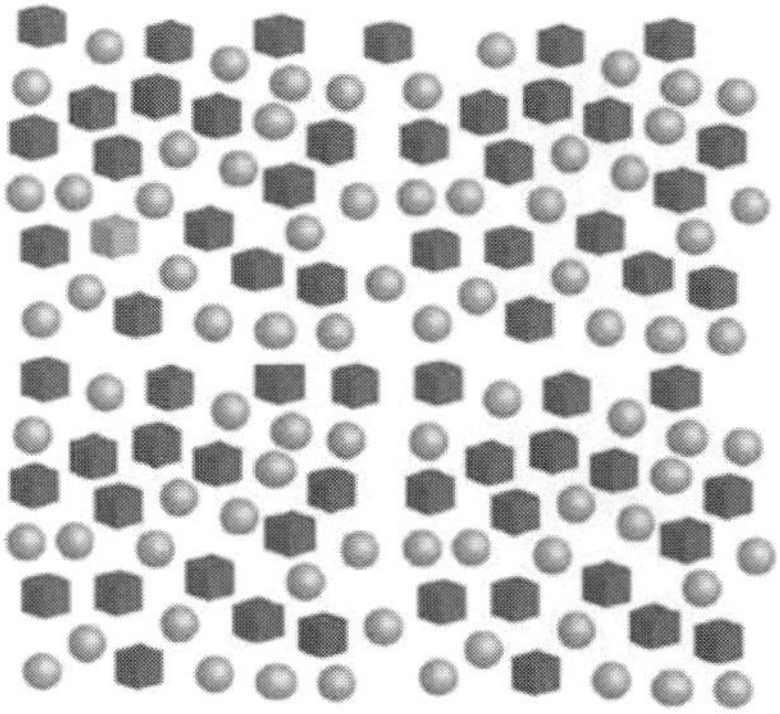

図2－6　広汎性発達障害児の得意な課題
（Dakin & Frith, 2005より一部改変）

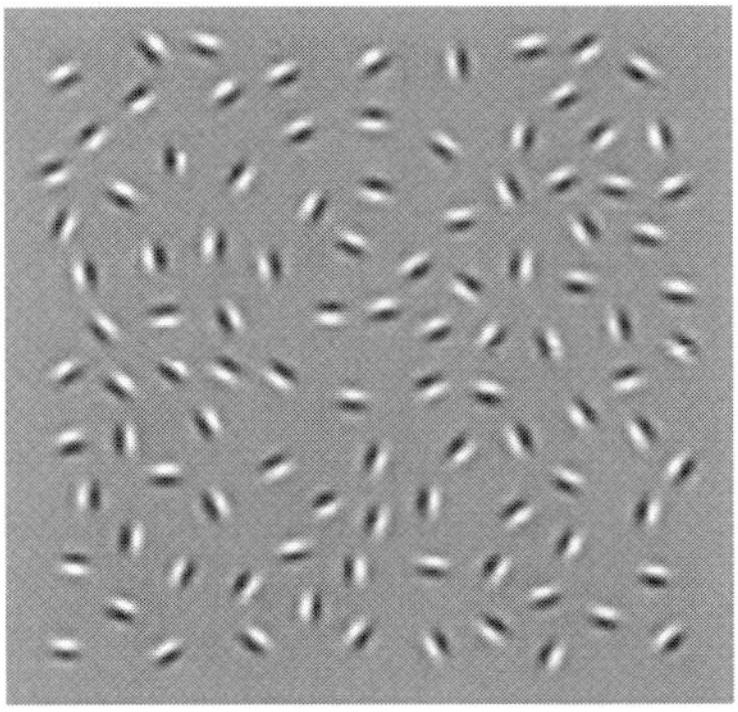

図2－7　広汎性発達障害児の苦手な課題
（Dakin & Frith, 2005より）

大まかにとらえる課題は苦手です（Dakin & Frith, 2005）。動くものを目でとらえて、その形を見つけるという運動視の課題も困難です。こういう感覚を担っている脳の部位と、広汎性発達障害の子どもで発達が遅れているコミュニケーション能力や社会性の基盤になる脳の部位に共通性があるのではないかとも考えられています。

一見奇妙な行動をしているように思える子どもを見たら、ひょっとしたら刺激が過剰なのかもしれない、刺激の意味を取り違えて混乱しているのかもしれないと考えて、刺激を制限したり、整理したり、別の方法で説明したりしてみてください。刺激の意味するものが相互にずれていないか点検し、同じ意味の刺激なら時間的に同時に与えるようにしてみると、子どもの行動に変化が現れるかもしれません。

7 理解や動作を促進する音楽

逆に、発達段階が進んでくると処理能力が高くなってくるので、刺激が多くなっても、多少ずれていても、大した問題にはならなくなります。むしろ音や音楽といろいろな刺激を組み合わせることで、抽象的な概念の理解も促進されるようになります。たとえば、音楽が始まったら動作を始め、止まったら動作をやめる（開始と停止の理解）、高い音で手をあげて低い音で手を下げる（高低の理解）、音楽の速さに合わせて歩く速さを変える（速度の理解）といったことは、音楽なしでもできますが、音楽といっしょに行なったほうが理解も活動もスムーズになります。こういう活動は、特に意識せずとも、実際に幼稚園や保育園、学校などで行なわれていることと思います。

音楽と動作の組み合わせは、子どもの音楽活動だけでなく、障害者のリハビリテーションにも応用されています。たとえば体の屈伸運動は、その運動だけを理学療法として行なうこともできますが、音楽に合わせると動きが円滑になります。しだいに高くなっていく音階で膝を伸ばし、だんだん下がっていく音階で膝を曲げると、音階なしで行なうより動作がしやすくなるのです。

第3章 赤ちゃんとリズム

1 リズムと運動の深い関係

音楽と運動の関係について第2章の最後で少しふれましたが、運動と最も深い関係があるのは、何といっても音楽のリズムです。行進曲のリズムに合わせて手足を動かすと歩きやすく、ワルツやダンスのリズムに乗ると踊りやすいことは、誰でもよく経験することでしょう。最近では、ウォーキング用のCDなども市販されて、人気を博しているようです。

音楽のリズムに反応して自然に体を動かす行動は、世界中のどの文化圏にもみられるかなり普遍的な現象（Brown, 2003）で、しかも発達のごく早期からみられます。赤ちゃんは、歩き始めるずっと前から、リズムに合わせて自然に体を動かすようになります。

私たちの研究室で音楽に対する赤ちゃんの反応を観察していると、6か月くらいでは小さな楽器を振ったりたたいたりする赤ちゃんはいても、体を揺らす赤ちゃんはほとんどいません。ところが、9か月頃になると、音楽が聞こえてくると体を前後左右や上下に揺らす赤ちゃんが出てきます。

9～13か月の赤ちゃんに、ゆったりした旋律の曲とブラスバンドの行進曲を聞かせ、体の動きをビデオに記録して解析してみると、行進曲を聞かせたときに、上下方向の体の動きが多かったと報告されています（Trehub, 1993）。行進曲のリズムに反応して、赤ちゃんが体を前後に弾ませたわけです。

体のほかに手足や頭を揺らす赤ちゃんもいます。1歳を過ぎてしっかり歩けるようになると、音楽に合わせてダンスをするように踊りだす赤ちゃんもいます。

2 動物とリズム

このような音楽のリズムと運動の関係は、人以外では限られた動物に例外的にみられるだけで、かなり人に特徴的な行動と考えられています。不思議なことに、音や人の声をまねることのできる動物では、人と同じようなリズムと運動の関連がみられます。

人の声をまねる動物といえば、真っ先に思い浮かぶのが九官鳥やオウムといった鳥類でしょう。オウムの中には、図３－１にみられるように、特別な訓練をしなくてもロックミュージックに合わせて足を踏み鳴らし、頭を大きく揺すって踊ったり、人の拍手に合わせて頭を振ったりするような驚くべき能力をもったものが何匹も知られています。

哺乳類では、１９７０～１９８０年代に、アメリカのボストンで、漁師さんにペットのようにして育てられたフーバーという名前のオットセイが、人の声をまねした最初の哺乳類だといわれています。フーバーは小さい頃から人のそばで育てられ、いつしかニューイングランドなまりのアクセントで人の声をまねして、「元気かい（Whaddaya doin'?）」とか「こっちにこいよ（Get over here）」とか言うようになって、たいへん有名になりました。そういえば、オットセイの中には、水族館などで音楽に合わせてダンスショーができるくらい踊りの上手なものが時どきいます。

最近、韓国では、飼育係の声をまねるようになった象がいるということで、たいへん話題になっています。専門家が人と象の声の周波数分析を比較して、どうも本当にまねをしているらしいといわれています。ということは、象も音楽のリズムに合わせて体を動かすことができるのかもしれません。

こういう話をすると、よく、「うちの猫ちゃんやワンちゃんは、音楽に合わせて体を動かす」という人がいますが、人の声をちゃんとまねする猫や犬はまだ知られていないようです（ちょっとあやしげな猫はアメリカにいるようですが……）。

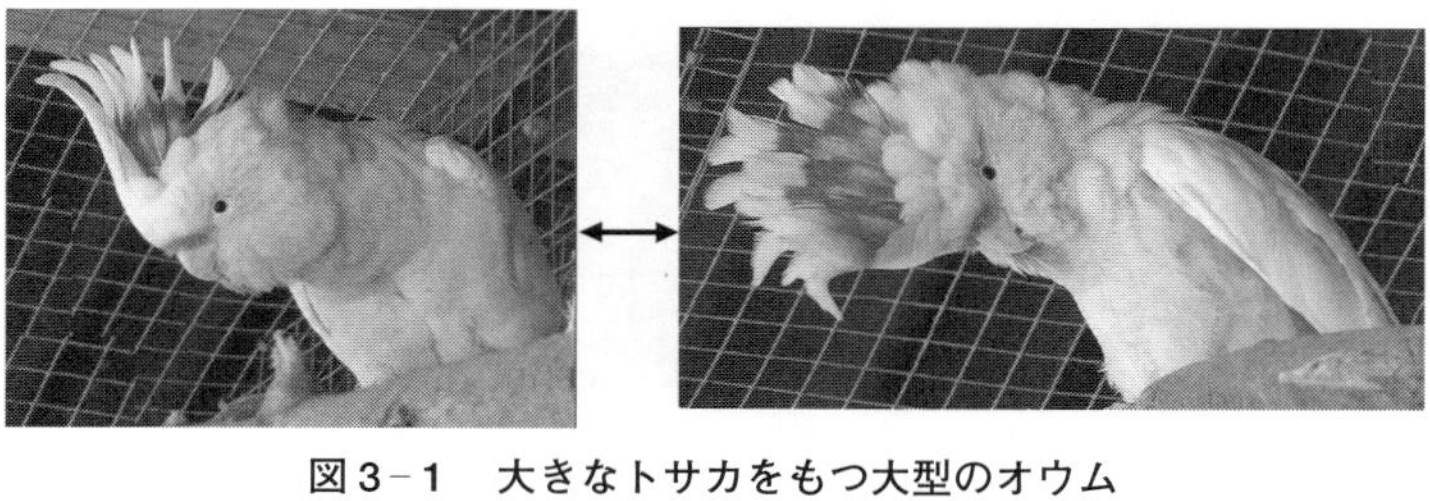

図3－1　大きなトサカをもつ大型のオウム

音楽のリズムに合わせて頭を振っている。

3 赤ちゃんはリズムに敏感

人の赤ちゃんも音声をまねします。それが始まるのが、ちょうどリズムに合わせて体を動かすようになる9～10か月頃なのです（Masur & Olson, 2008）。

では、赤ちゃんはいつ頃からリズムの違いがわかるのでしょうか。最近の研究では、生まれて2～3日の新生児でも、睡眠中にロックミュージックのドラムの音を聞かせて、リズムのパターンが崩れるように音を1拍だけ省略すると、脳が違った反応を示すことが報告されています（Winkler et al., 2009）。ということは、リズムに対する感覚は、ある程度、生まれつき備わっているといえるでしょう。

それでは、赤ちゃんはどの程度複雑なリズムの違いがわかるのでしょうか。世界の中には、実に多彩なリズムの変化のある音楽がたくさんあります。その中で、リズムの複雑さということでは、バルカン半島の国々のフォークダンスの右に出るものはないかもしれません。その込み入った独特のリズムのちょっとした違いは、バルカン半島で育った人には簡単にわかるでしょうが、それ以外の人にはほとんどわかりません。

ところが不思議なことに、6か月の赤ちゃんは、生まれ育った地域にかかわらず、複雑なリズムの違いを区別できるのです。

それを調べるために、バルカン諸国のダンス曲に基づいて、リズムの構造が原曲と同じ音楽と変化させた音楽の2つを作り、図1－9のようにセッティングして北米の6か月の赤ちゃんに聞かせてみると、図3－2にみられるように、リズムが同じ音楽よりも変化させた音楽のほうをより長く見たのです（Hannon & Trehub, 2005a）。見る時間に差があるということは、この2つを区別しているということです。元のダンス曲のリズムが単純な場合でも複雑な場合でも、どちらでも差がみられたので、複雑なリズムの音楽でも、その変化に気がついたのです。

外国語の発音の違いの区別でも似たようなことがあって、たとえば日本で生まれ育った赤ちゃんでも、英語の「r（アール）」と「l（エル）」の音に違った反応をします。おそらく、赤ちゃんは世界中のどこに生まれても適応でき

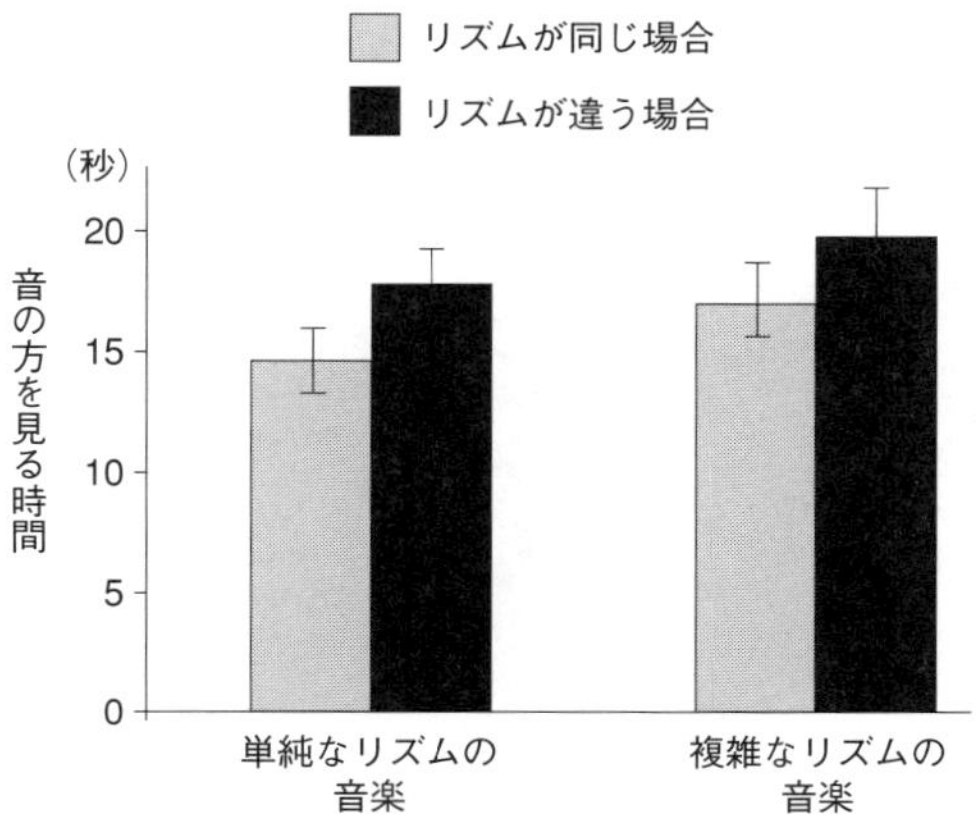

図3－2　リズムの変化と見る時間の関係（北米の6か月児）
（Hannon & Trehub, 2005aより）

るような能力をもってこの世に生まれてくるのだろうと考えられています。

そういう大人顔負けのすぐれた潜在能力も、生後の経験によって、しだいに育った環境に適合するように集約されていきます。

図３－２と同じことを北米の１歳児で行なうと、今度は、図３－３でわかるように、単純なリズムの場合でだけ差がみられました（Hannon & Trehub, 2005b）。複雑なリズムの違いを感じる能力も、１歳頃になると、それを聞き続けているバルカン諸国の子どもたちだけが区別できるようになっていくのです。

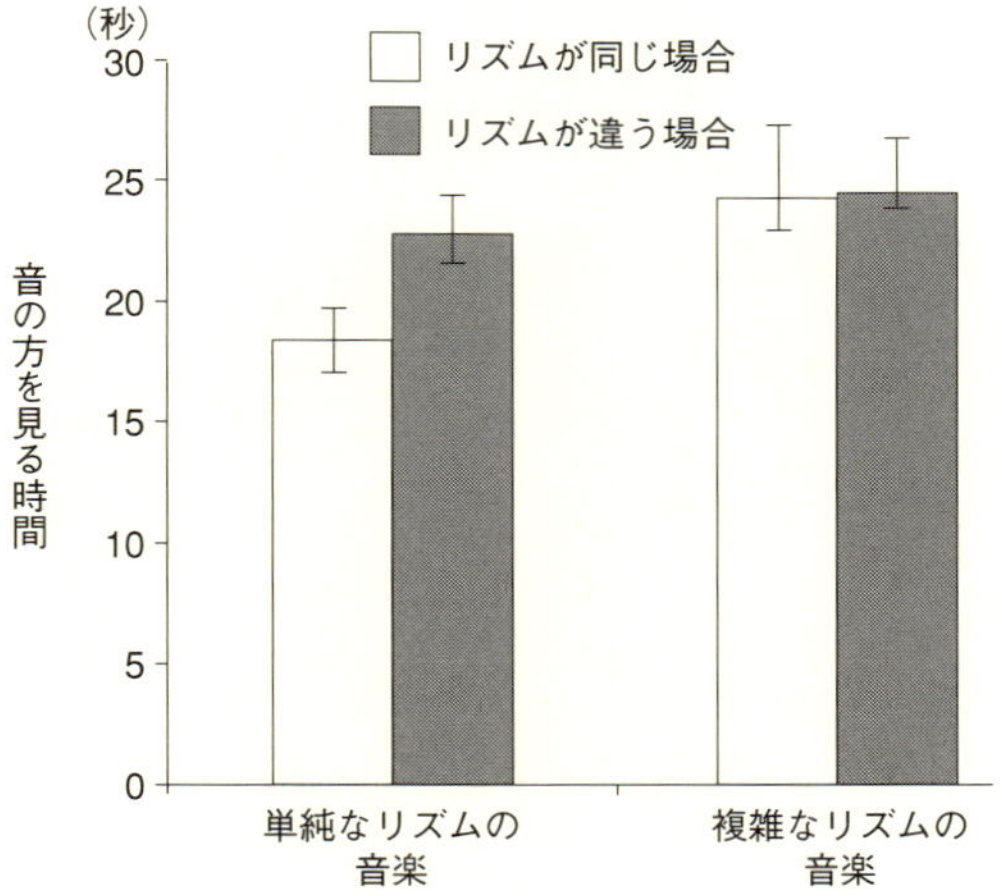

図３－３　リズムの変化と見る時間の関係（北米の１歳児）
（Hannon & Trehub, 2005bより）

4 リズムを感じるのはどこか

ところで、音楽のリズムに反応して体を動かすとき、人はどこでリズムを感じているのでしょうか。足でリズムに合わせてタップダンスをしたり、行進曲に合わせて歩いたりするから足でしょうか。それとも手で机をたたいたり指揮をしたりするから手でしょうか。

最近の研究によると、どうも手でも足でもなく、頭を動かすことがリズムの感じ方に最も強く影響するらしいのです。

太鼓を同じ強さでアクセントをつけずに「ポンポンポンポンポンポン」とたたき続けると、2拍子の行進曲のようにも3拍子のワルツのようにも、どちらにも聞こえます。そういうリズムのはっきりしない太鼓の音を聞かせながら、太鼓が「ポンポン」と2回なるごとに1回（2拍子の行進曲に対応）、あるいは「ポンポンポン」と3回なるごとに1回（3拍子のワルツに対応）、ポンの音に合わせて体の一部を機械で揺らします。そうした後に、さっき聞いた太鼓のリズムが2拍子の行進曲に聞こえたか、3拍子のワルツに聞こえたかを調べてみると、図3－4にあるように、頭を動かした場合は、2拍子で揺らされた場合には2拍子に、3拍子で揺らされた場合は3拍子にというように、頭の動きと同じリズムを聞いたように感じる割合が多かったのに対し、下半身を揺らした場合には、動きと聞いたリズムの感じ方の間にはっきりした関係はありませんでした。図3－4にはありませんが、体全体を動かした場合も、頭だけを動かしたときと同じ結果でした（Phillips-Silver & Trainor, 2008）。ということで、頭の動きとリズムの感じ方の間には密接な関係があるらしいのです。

　耳の奥には、三半規管とよばれる半円形のループが3つあります（図1－26参照）。その3つが、互いに90度の角度でくっついて、空間の中での三次元的な体の揺れを感じるようになっています。頭を動かすとこの三半規管が刺激され、それが前庭神経を通じて脳に伝えられてリズムを感じるようです。そういえば頭でリズムをとる人も時どき見かけます。

　頭を実際に揺らさなくても、この三半規管に電気的な刺激を直接与えるだけでも、頭を揺らしたのと同じように、リズムの感じ方に影響するようです。

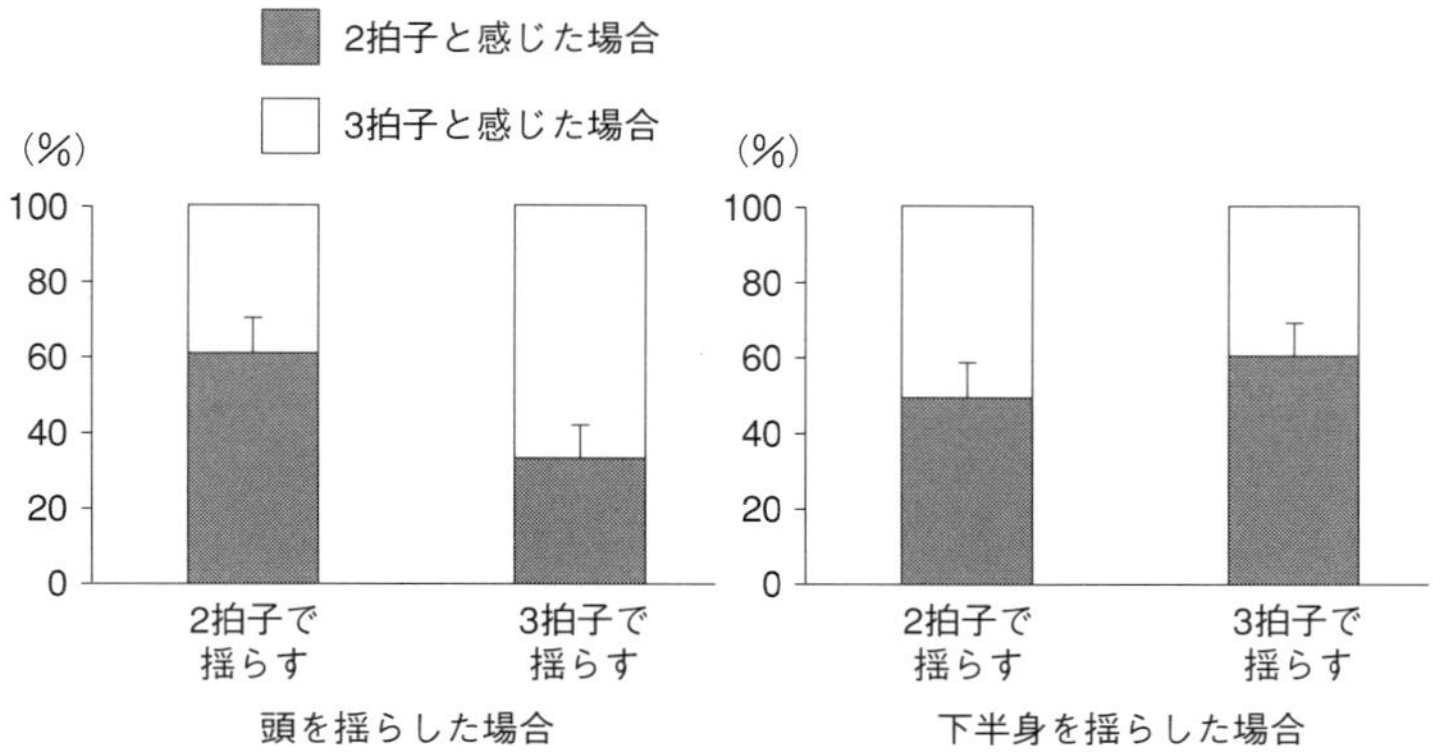

図3－4　リズムの感じ方と体動の関係（Phillips-Silver & Trainor, 2008より）

体を2拍子か3拍子で揺らされたときに，聞いているリズムを何拍子と感じるかを表わしたもの。対象者は大人。

図3－4と同じ、リズムのはっきりしない太鼓の音を聞かせながら、今度は頭を揺らさずに、三半規管を皮膚の上から直接電気で刺激します。太鼓の音に合わせて2拍子で電気刺激して、聞いた太鼓のリズムが2拍子に聞こえたか、3拍子に聞こえたかを調べてみると、図3－5にように、ほとんどの人が2拍子に聞こえたように感じました。同じ電気刺激でも、三半規管ではなく肘に与えた場合には、リズムの感じ方に影響はありませんでした（Trainor et al., 2009）。どうも、三半規管がリズムの感じ方に大きく関係しているのはまちがいなさそうです。

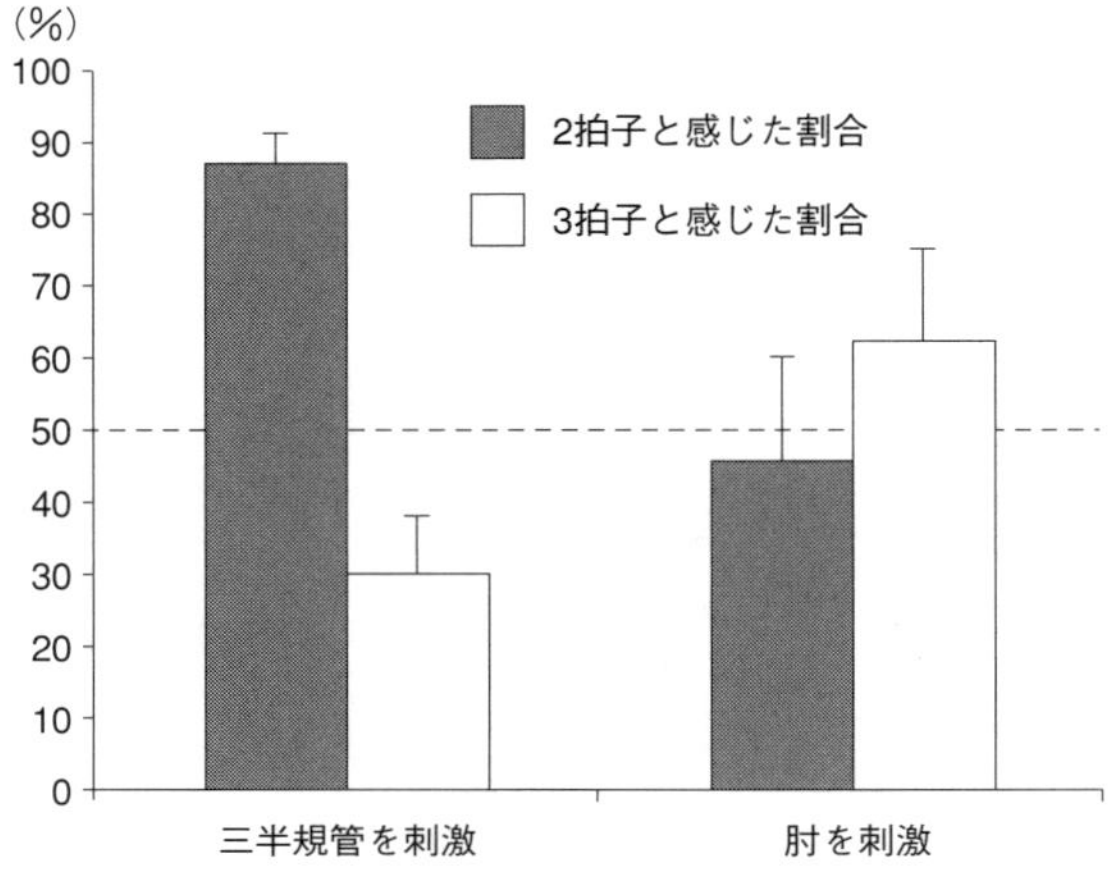

図3－5　リズムの感じ方と電気刺激部位の関係（Trainor et al., 2009より）

2拍子の電気刺激を三半規管と肘に与えた場合のリズムの感じ方の違い。対象者は大人。

5 リズムの脳機能

では、リズムを感じるとどうして体が自然に動き出し、リズムに合わせるとなぜ体が動かしやすいのでしょうか。それはどうもリズムを聞いたときの脳のはたらきに鍵がありそうです。

人の運動に直接関わるのは、図3－6に示したような、脳の前頭葉にある一次運動野とよばれる大脳皮質です。たとえば手で物を握ろうとするとき、指を曲げるように命令を出すのがこの一次運動野です。でも、指が曲がるためには、指の内側の筋肉の収縮と同時に、指の外側の筋肉が逆に伸展しないと指が動きません。つまり、ひとつの

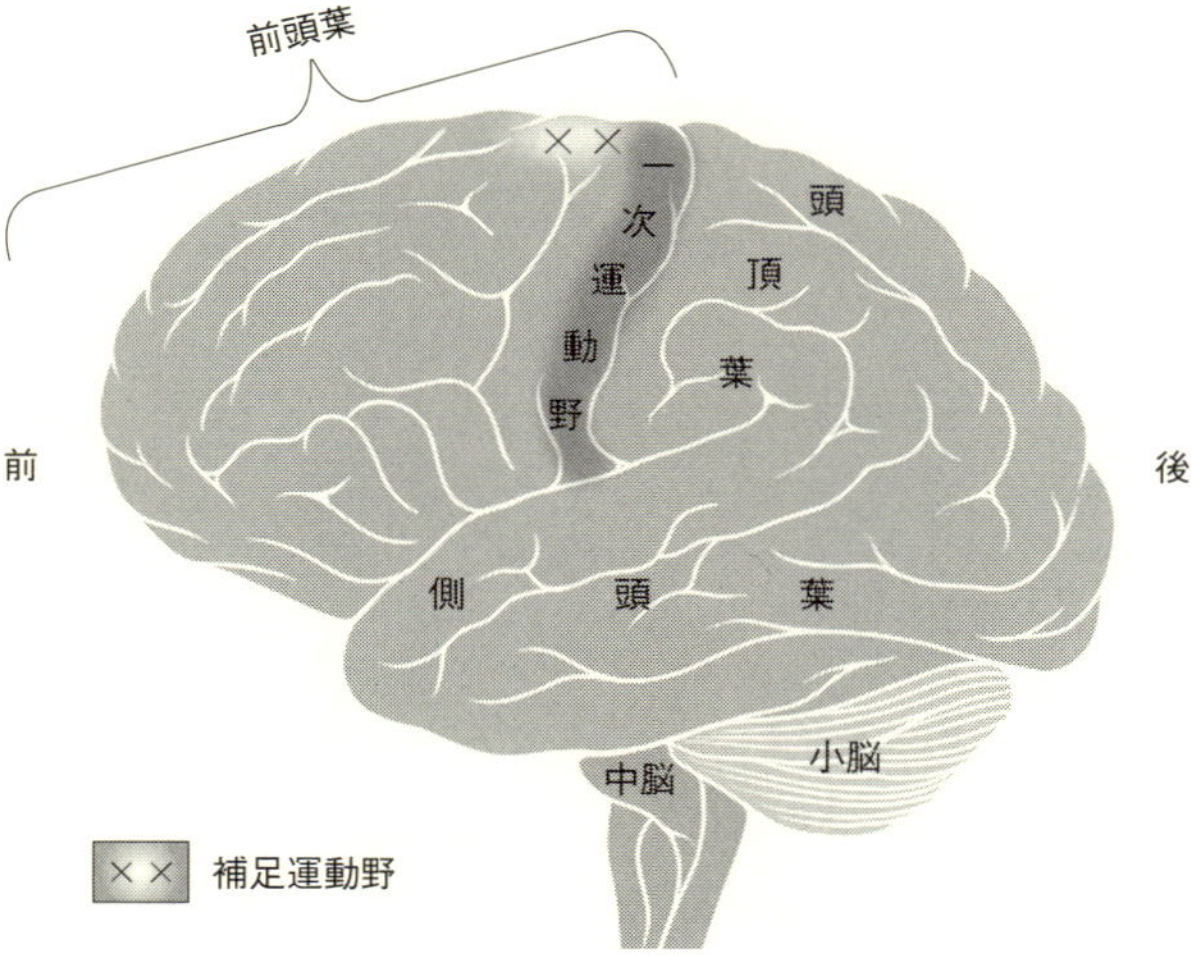

図3－6　脳の左側面図

脳の表面を左側から見たもの。

運動を行なうためには、それに付随する多くの運動の調節が必要になるわけです。それは人が意識して行なうものではなく、無意識のうちに自然に行なわれています。こういった運動の調節を行なっているのが、図3－7に示したような、大脳の深部にある大脳基底核、一次運動野の近くにある補足運動野、大脳のうしろ側にある小脳（図3－6）などです。

単純でわかりやすいリズムの音楽を聞くと、体はじっと動かずにいても、こういう運動の調節を行なっている大脳基底核や補足運動野の活動が活発になることが最近の研究でわかってきました（Grahn & Grahn, 2007）。リズムを聞くことで、いわば運動の準備をし

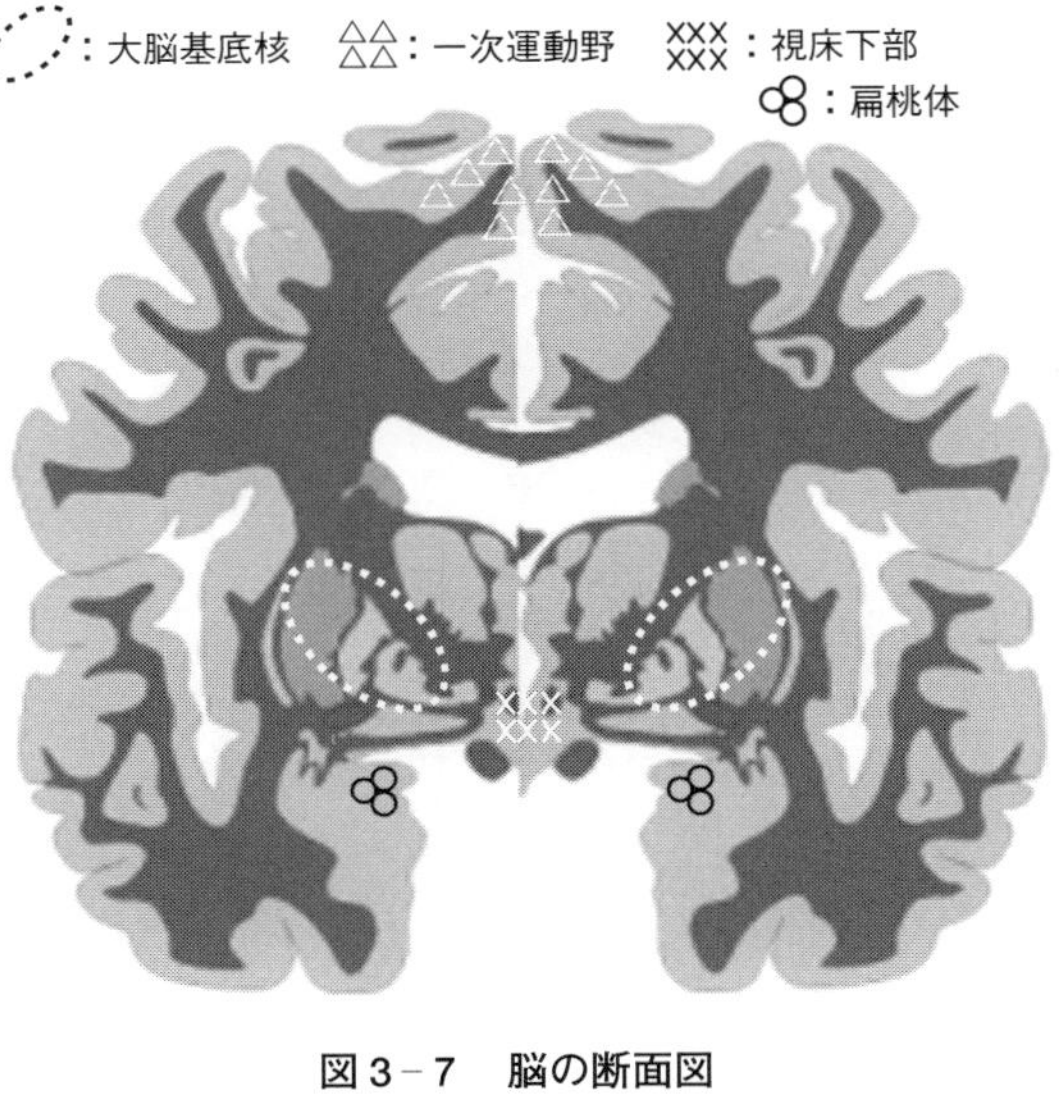

図3－7　脳の断面図

脳のほぼ中央を横に（左右に）切り開いて見たもの。

ているような状態になると考えられるわけです。大脳基底核と一次運動野の間には解剖学的にも神経の連絡網があり、リズムを聞くことで活性化した大脳基底核や補足運動野の興奮が一次運動野に伝えられます。こういう神経系の活動によって、音楽を聞くと自然と体が動き出したり、動きやすくなったりするのだろうと考えられます。

6 障害者とリズム

こういうリズムと運動の関係は、赤ちゃんの頃からみられる、人の最も基本的な機能のひとつなので、脳の病気や損傷などによって手足の運動や歩行がうまくできなくなった人でも、まだ保たれている可能性があります。自分では歩き始めの最初の一歩がなかなか踏み出せなかったり、スムーズに歩けなかったりしても、外から音のリズムの刺激を与えると、運動や歩行が改善されることがあるのです。

脳卒中やパーキンソン病などの神経疾患で歩行に障害をきたした人に対して、メトロノームの音や単純なリズムの音楽を聞かせながら歩行練習をさせると、足の運びが規則的になり、歩幅も広がって、自然な歩き方に近くなるという効果が報告されています（Thaut et al., 1996）。それを実際にリハビリテーションとして治療に取り入れている病院もあります。自宅でＣＤを聞きながら自分で歩行練習をしても効果があるようです（林、2005）。

子どもの神経疾患でも同じようなことがみられます。

私たちは、レット症候群という子どもに発症する進行性の神経疾患で、手と体の動きが音楽によってどのように変化するかを調べてみました。この疾患では、ほとんど言葉は話さず、手をこすり合わせたり口に入れたりする意味のない動きが持続するために、手で何か目的のある動きをするという機能がほとんどなくなってしまうという特徴があります。

タンバリンを前に差し出して音楽を始めると、注意が音楽に向いて集中するためか、手の動きは図3－8にみられるように、開始から5秒くらいまでは前後方向にも上下方向にもあまり目立ちません。ところが、体のほうは音楽開始とともに前後方向に揺れだし、ほぼ一定の大きさでずっと最後まで続きます。

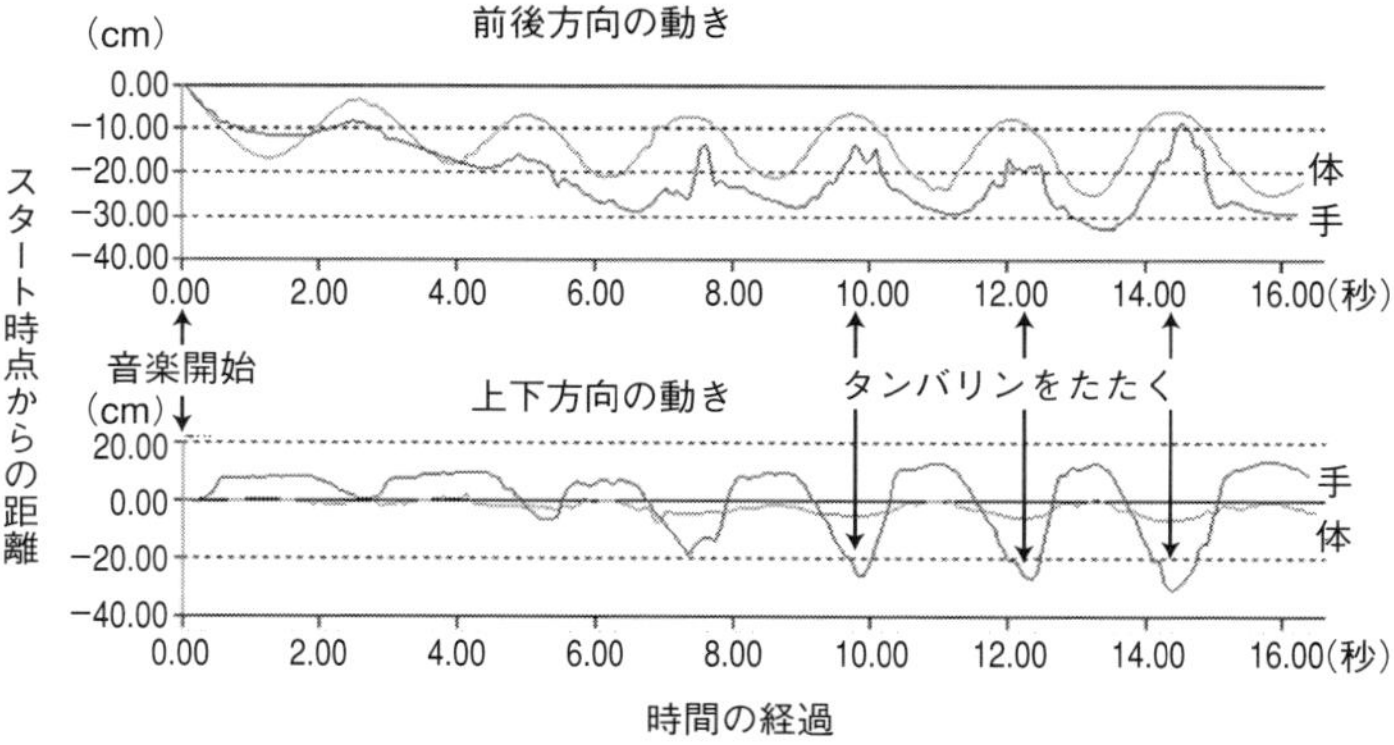

図3－8 レット症候群児の音楽に反応した体と手の動き

手と体の動きを前後方向と上下方向に分けてグラフに表わしたもの。音楽開始時の体と手の位置を基準点「0」として，そこから各時点の体と手の位置までの距離を縦軸に表わした。線の揺れが大きいほど実際の動きが大きい。横軸は時間の経過を秒で表わしたもの。

一方で、上下方向の体の動きは一貫してほとんどありません。その体の前後方向の揺れに乗って手がだんだん上下に動くようになり、ついに前に差し出しているタンバリンをたたくことができたのです。

音楽をやめると、図３－９にみられるように、まず手の上下方向の動きが止まります。前後方向には動いているようにグラフ上では見えますが、手は体の上に乗っているだけなので実際にはほとんど動いていません。体の前後方向への揺れは、音楽が止まってもしばらく惰性で続いていますが、やがてそれも止まってしまいます。

ひとつの音をずっと鳴らし続けてリズムをなくすと、図３－10にみられるように、手や体の動きもだんだんゆっくりになって間延びしていきます。このような手や体の

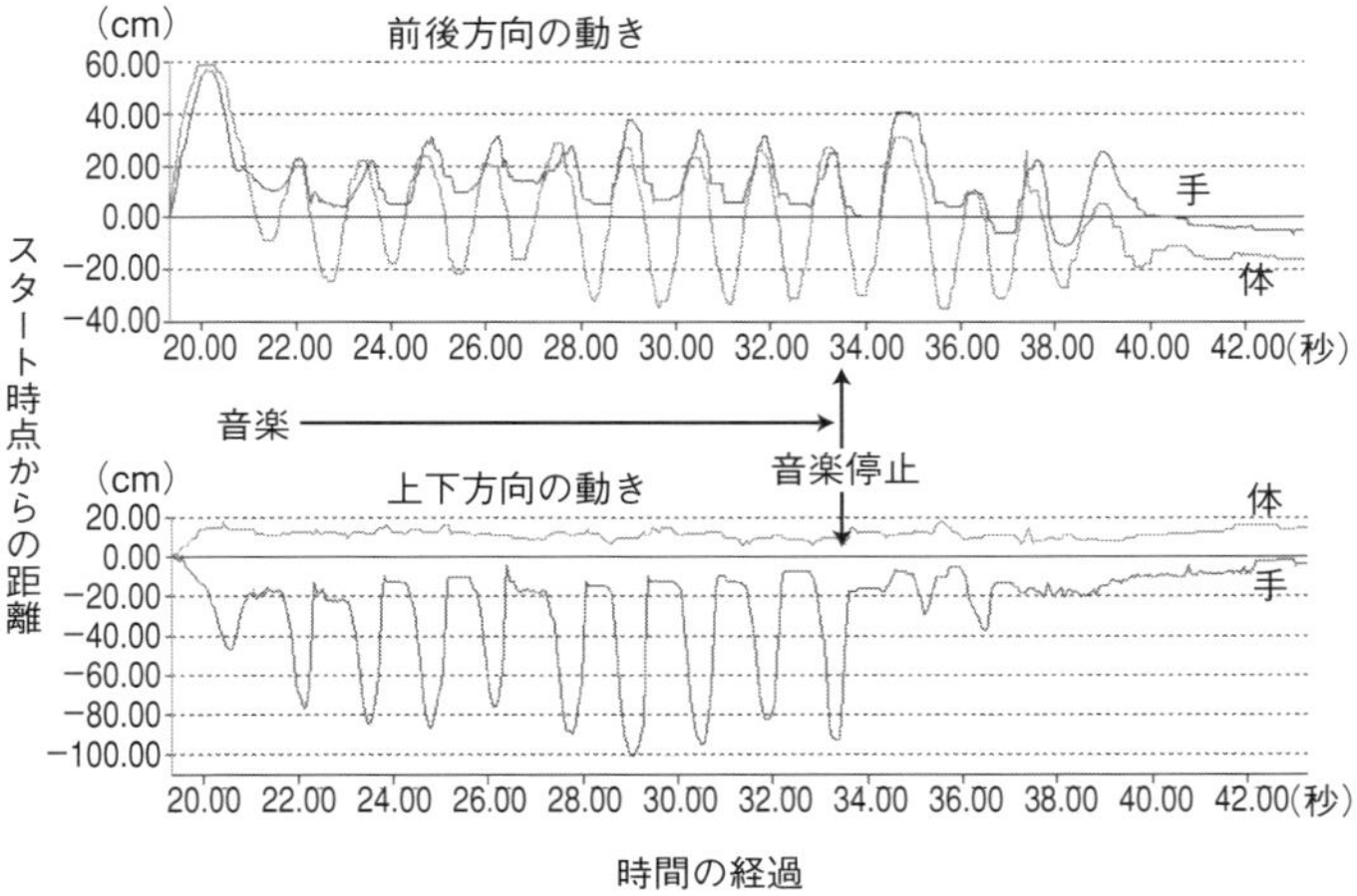

図３－９　音楽を停止したときの体と手の動き

縦軸と横軸は図３－７と同じ。

動きの分析から、音楽のリズムに反応して手や体の運動が変化していることがわかります。

80人くらいのレット症候群の患者さんにアンケート調査をしてみると、日常生活の中で、音楽がなりだすと体を揺らし出す人が約50%ありました。このうちの約半数は自分で歩くことができないので、運動機能がかなり低下していても、音楽のリズムで運動を誘発できることがわかります。

7 頭の中で思い起こすだけで

リズムのおもしろいところは、実際に音を聞かなくても、そういうリズムや音楽を頭の中で思い起こすだけでも同じような効果があることです（Sacks, 2007）。ヘッドフォンで

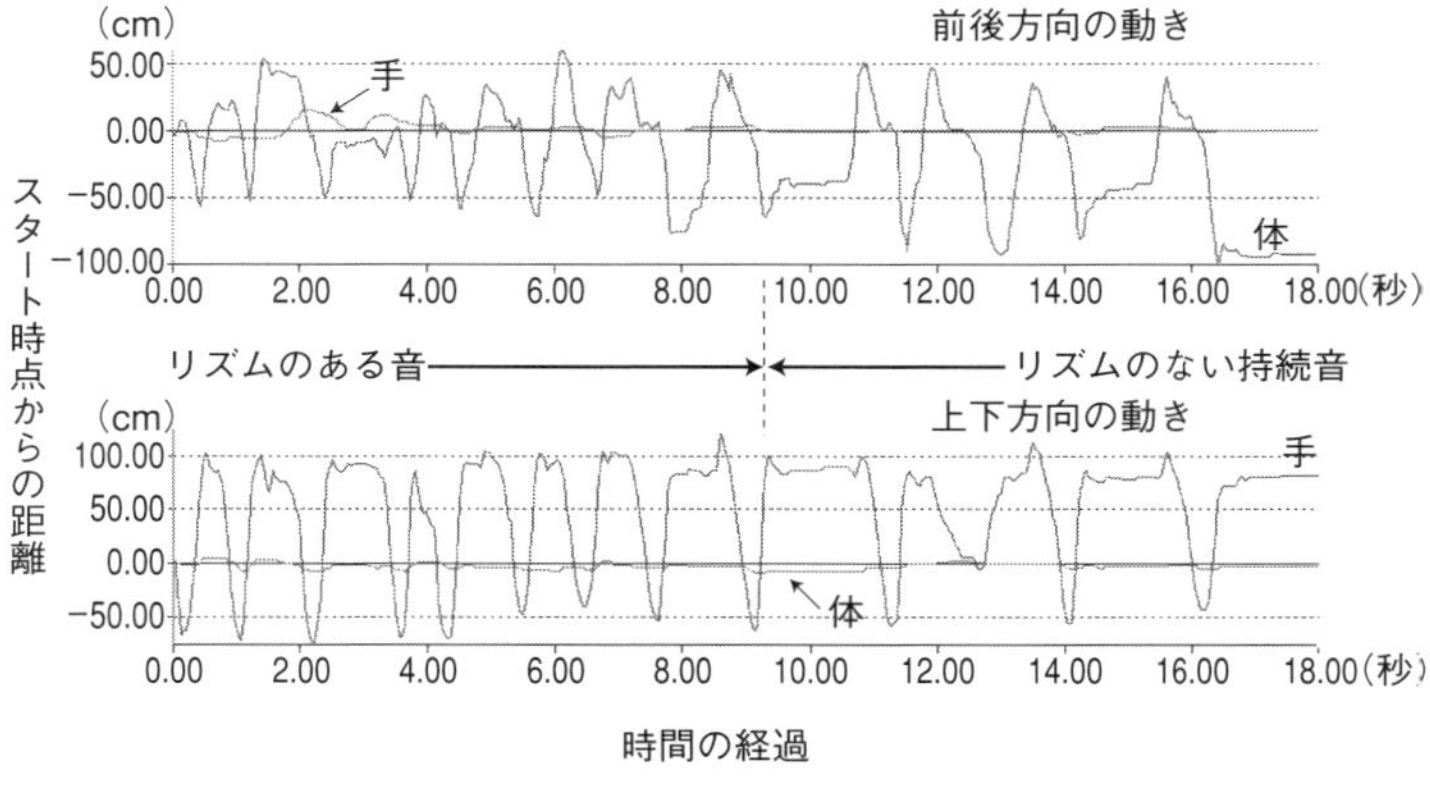

図3－10　持続音にしたときの体と手の動き

縦軸と横軸は図3－7と同じ。グラフ上ではやや見にくいが，前後方向の手の動きと上下方向の体の動きはほとんどなく，ずっと基準点「0」の付近にある。

音楽を聞きながら歩かなくても、鼻歌を歌わなくても、頭の中で歌っているだけで歩きやすくなるのです。

それは障害のある人でも同じです。

パーキンソン病で歩行障害のある人に、たとえば「うさぎとかめ」の歌を歌ったり、歌いながら手をたたいたりする練習をしてもらいます。その後に、今度はそれを思い起こしながら、実際には歌わずに歩いてもらうと、図3－11にみられるように、一歩歩くのにかかる時間が、練習前は足の運びごとに長くなったり短くなったりして不安定だ

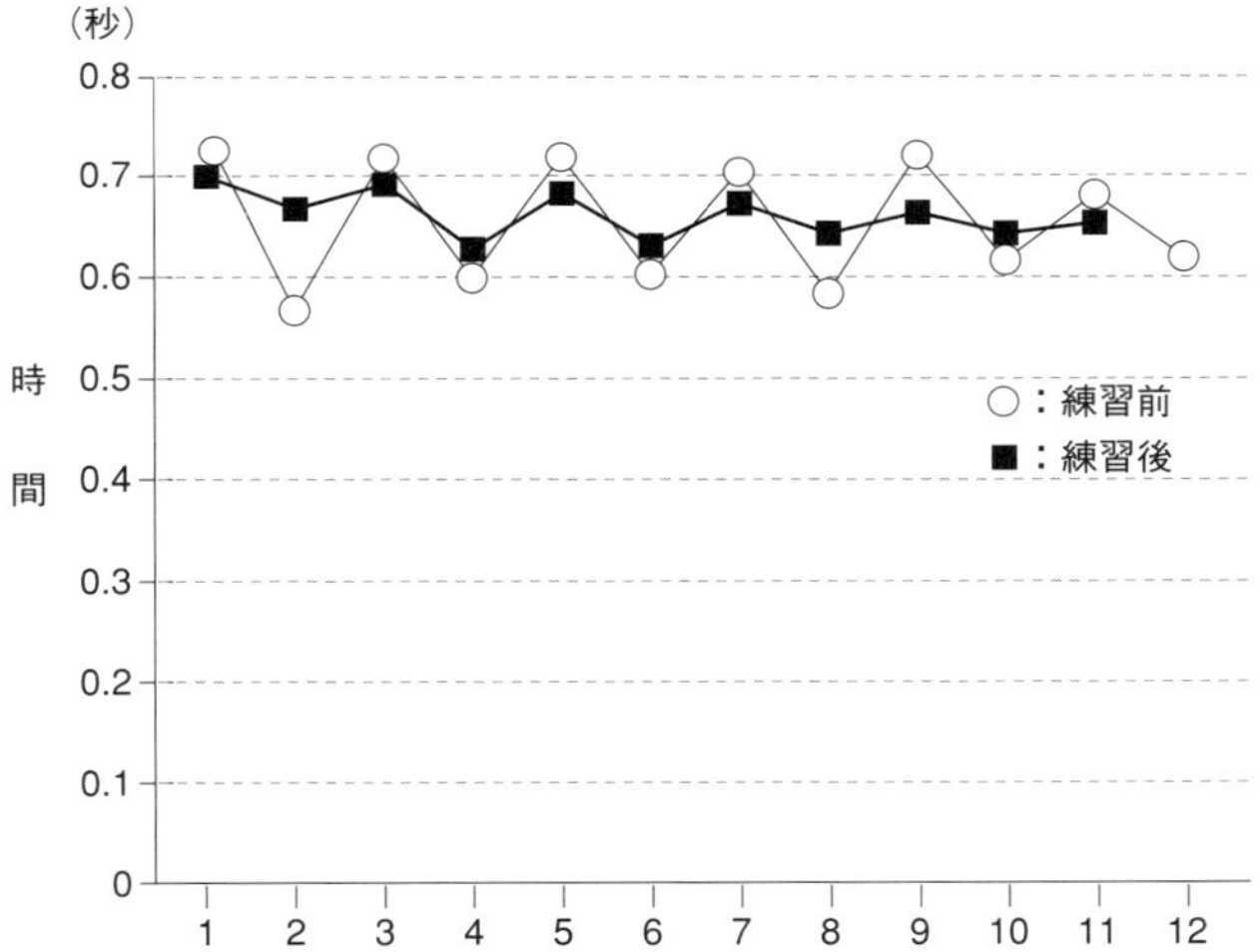

図3－11　パーキンソン病の歩行の改善（Satoh & Kuzuhara, 2008 より）

横軸は歩くときの一歩ずつの足の運びを表わし，縦軸は一歩の歩みにかかる時間を表わす。

ったのに、練習後はほぼ一定にそろって規則的な歩き方になっています(Satoh & Kuzuhara, 2008)。手が振るえてスッとまっすぐに動かせない失調症の人も、メトロノームの音に合わせて手の動きを練習した後に、今度はメトロノームを止めて頭の中でリズムを刻んでいるだけで動きが滑らかになります。こういったことは誰でも簡単にできるので、いろんな原因で運動がぎこちなくなっている人はぜひ試してください。

第4章 赤ちゃんと言葉

1 言葉と音楽の間

リズムと運動に深い関係があったように、音楽と言葉の間にも、切っても切れない不思議な関係があります。

亡くなったイタリアの有名な作曲家、ルチアーノ・ベリオは、人の声についてこんなことを言っています。「私たちは、声というものを、ふたつのレベルで聴いています。ひとつは音響的なレベルで、もうひとつは意味のレベルです。そして、普通私たちが『言葉』として声を聞いている場合、音響的なレベルと意味のレベルの間には相互作用があり、一方がもう一方に意味を与えているわけです」（武満、1993）。

確かに、人の発声の中には、言葉なのか音楽なのかよくわからない、その中間的なものが存在します。たとえばお経です。経典を読んでいるので言葉なのでしょうが、あまりにも平板なので、ただの発声のように聞こえてしまいます。

似たようなものにインドのマントラというものがあります。マントラとは、インドで約４０００年前からヒンズー教の僧侶たちによって唱えられてきた、聖なる思念が盛り込まれている文言です。文法構造がなく、正しい発音、リズム、メロディなどが師匠から弟子へと伝承されていくのです。言語とも音楽とも分類できない音声による表現形式ということができます。詩吟などにも同じような特徴があるのではないでしょうか。

2 プロソディはメッセージ

第1章でお話ししたマザリーズ、これも言葉ですが大きな抑揚でゆっくり話されるので、単語の意味がわからなくても、声の調子だけで大まかな内容が伝わることがあります。仮に外国語のマザリーズで「ノー」とか、「ヤー」「グッド」とか言っても、あるいはその音声を加工して言葉の成分を除いた音声にしても、それが禁止や容認を意味するということがわかるのです（Fernald, 1989）。

つまり、声の調子やイントネーション（こういうものをプロソディといいます）だけでも、ある程度大まかなメッセージは伝えられるのです。逆にいうと、話し方ひとつでわかりやすくも、わかりにくくもなるわけで、これは、発達の遅れている子どもや認知能力の衰えた高齢者などに話しかけるときに気をつけたいことです。日本語は、もともと抑揚の少ない平板な言語という特徴があるのでなおさらです。先程の、赤ちゃんや大人に外国語を聞かせた調査でも、日本語は西洋の言葉と比べるとプロソディだけでは意味がとりにくかったという結果が出ています（Fernald, 1992）。

第1章で説明した光トポグラフィー（図2－2参照）で、プロソディの違いに対する脳の反応を調べてみると、抑揚のある話し方と平板な話し方で、音声の知覚に関係する大脳の側頭葉～頭頂葉（図3－6参照）が少し違った反応をすることがわかりました（Homae et al., 2006）。反応は生後数日の新生児の頃からみられ、年齢が進むにしたがって変化していくこともわかってきました。

それは、もしかしたら胎児期から始まっているのかもしれません。というのも、予定日より10～16週も早く、体重650～1270gで生まれた早産児に、生後2週間たった頃から新生児集中治療室を退院するまでの間、母親の声を1回30分、1日に5回、毎日聞かせて、その後の発達を調査してみると、一般的な認知能力や運動能力などには変わりがないのに、言葉の理解力だけが高くなったのです。しかもその効果は生後5か月から6歳頃まで続いていたのです（Nocker-Ribaupierre, 2004）。

3 言葉と音楽の不思議な関係

大人でも、言葉に抑揚、つまり音の高低をつけると言葉を覚えやすくなります。それは、大学生に、ふつうの言葉にはないような人工的な単語を連続的に読み聞かせて覚えさせるという実験結果でも明らかにされています。図4－1のように、単語を、①たんにそのまま平板に読む場合、②単語に音の高さを無作為につけて読む場合、③ある語音にはいつも同じ高さの音というように1対1の音の高さの対応をつけて読む場合、の3通りで比較してみると、③>②>①の順によく覚えていました（Schön et al., 2008）。

　同じようなことは解剖学のむずかしい名前を覚える実験でも報告されています。専門用語をふつうに読んでもらう場合と、同じ人にオペラを歌うように読んでもらう場合で、聞いて数時間から10日くらいまでの間、どれだけ覚えているかを比較してみたら、どの時点でみても後者のほうがよく覚えていました（Panksepp & Bernatzky, 2002）。

　言葉と音楽が脳内でどのように処理されて、その意味や内容が聞いた人にわかるようになるのか、まだ完全にはわかっていませんが、年齢にかかわらず両者には一部共通したところがあるのだろうと考えられています。特に乳児期には、言葉と音楽は脳内ではまだそれほど分離して扱われるのでなく、言葉は音楽の特殊なケースとして処理されることが多いのではないかという考え方が有力です（Koelsch & Siebel, 2005）。

図4－1　単語と音の対応関係（Schön et al., 2008より）
②では，単語に音をつけるけれど，“sy”という語にはいつも同じ音がつくわけではない。
③では，“py”はいつも「シ」の音というように決まった音をつける。①では音をつけない。

それで、言葉に音を対応させると両方の神経システムがはたらくので、一方だけを使う場合に比べて、聞いたときに認識しやすく、覚えやすいのでしょう。音楽に乗せると言語の理解や獲得、ひいてはコミュニケーションが促進される可能性があるということです。

実際、子どもは、ふだんは使えないようなむずかしい言葉でも、歌の歌詞としてなら歌えることがあります。たとえば、「荒城の月」のような古い文語体の文章でも、わけがわからなくても歌えます。私自身、子どもの頃に「ウサギおいし　かの山……」という故郷の歌を歌いながら、何となく、ウサギはおいしいのかなと思っていました。おいしいのではなく「追い」かけるのだとわかったのはずっと後になってからでした。中には、おんぶすると思っていた人もいるそうです。ちなみに、この話をあるところでしたら、「この歌の作詞者の高野辰之氏は信州の出身で、そこでは実際にウサギを食べるんですよ」と教えてくださった先生もおられました。

4 替え歌でコミュニケーション

自閉症の子どもでは、言葉や身振りなどのコミュニケーションに質的な障害があって、ほとんど意味のある言葉をしゃべらないこともあります。そういう子でも歌の歌詞なら覚えて歌っていることがあります。「人生、楽ありゃ、苦もあるさ」と水戸黄門の主題歌を歌う子もいます。中にはプロも驚くような楽器演奏の力をもちながら、ほとんど話ができない人もいます（そういう特殊な能力をもつ人はサヴァンとよばれています）。

　そこで、替え歌を使えば自閉症児とのコミュニケーションが少しでもよくなるのではないかと考えて、替え歌遊びをやってみました。その子の好きな歌やおなじみの歌のメロディをそのまま使い、歌詞だけを置き換えて歌います。子どもの名前やお母さん（ママ）という言葉も入れながら、今そこで子どもが実際に行なっていることを歌詞にして歌うのです。子どもが車のおもちゃをさわったら「車」とか「ブーブー」とか歌い、子どもが何か発声したらそれをまねしたり、それに何か少しだけ付け加えて発展させたりします。そうすると、発声や喃語のような発語、

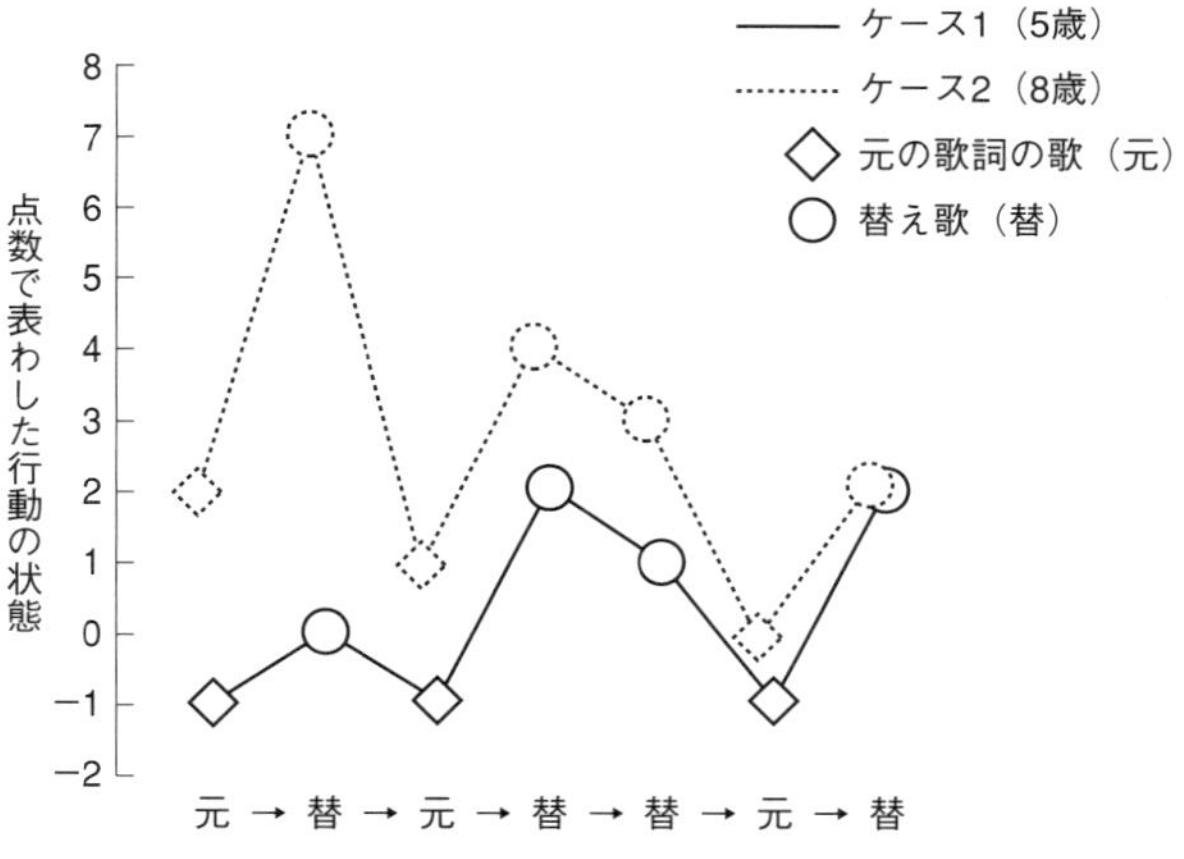

図4－2　自閉症児の替え歌による行動の変化（呉, 2008）

替え歌と元の歌詞の歌を順不同で歌いかけて，そのときの子どもの行動を評価した。笑ったり，声を出したり，周りの人にはたらきかけたりする行動の合計回数から，泣いたり，部屋から抜け出したり，暴力的な行動の合計回数を引いたものを縦軸に表わした。

周りの人へのちょっとしたはたらきかけ、笑いなどが増加し、暴力的な行動や意味のない常同的な行為、泣くことなどが減少する傾向がありました（呉、2008）。やはり歌にのせると言葉が少しは理解しやすくなって、コミュニケーションがとりやすくなるのかもしれません。

この方法は、そっくりそのまま言葉の発達をうながす音楽遊びとしても使えます。言葉を話しだす前の赤ちゃんや、言葉の発達の遅い子どもの保護者や保育に携わる人は、ぜひ替え歌を試してみてください。

5 歌で発語をうながす

脳卒中などの後遺症で言葉を話せなくなった失語症の大人でも、歌の歌詞ならはっきり歌えることがあります。それを応用して、言葉にわざと大きな抑揚をつけ、歌を歌うようにして声を出す訓練をすると、しだいに言葉が話せるようになっていきます（メロディック・イントネーション・セラピーといいます）（Albert et al. 1973）。そうやって短い語句が話せるようになったら、一曲を通して歌う練習をすることで、だんだん長いフレーズを話せるようになっていくのです。

失語症では、話し言葉からプロソディがなくなって一本調子になり、同時に音程やリズム、メロディがわからなくなるという失音楽症を合併している場合があります。あるいは、言葉の意味が理解できなくなると同時に、消防車のサイレンを教会の鐘の音とまちがえるというような環境音の理解も障害される例もあります。こういう例をみても、言葉と音楽の間に密接な関係があることがよくわかります。

第5章 赤ちゃんの社会性と音楽

1 人類の進化と音楽

皆でいっしょに歌を歌ったり合奏をしたり行進したりすると、何となく一体感のようなものが自然に生まれ、仲間意識が芽ばえてくることを経験したことがあるでしょう。校歌や賛美歌、国歌や軍歌などは、そのために作られるようなところもあるのではないでしょうか。このように、音楽には、自分の所属する集団内の人どうしの絆を深めたり、自分とは別の集団の人とのつながりを作ったりする作用があります。

音楽や踊りによって集団への帰属意識が強くなることは、人の進化の過程で有利にはたらいてきたのではないかという説が提唱されています。種の存続を脅かすような非常に厳しい環境の変化に対しても、集団的な対応が可能になるからです。絶滅したと考えられているネアンデルタール人などの他の人類とは違って、私たちホモ・サピエンスが現在まで生存することができたのも、そのためではないかというわけです（Mithen, 2005／熊谷〔訳〕、2006）。世界中のどの文化圏に行っても、それぞれ独自の音楽があるのも、そういう理由によるのかもしれません。

2 楽器で育む赤ちゃんの社会性

そういう社会性の育ちを、楽器の使い方を工夫することで援助することができます。相手の目を見たり、やりとりを楽しんだりしながら、相手との相互関係が自然に生じるようにすることができるのです。

私たちの研究室で赤ちゃんと楽器を使って音楽遊びをしていると、いろいろとおもしろいことがわかってきます。何より、初めて研究室に来て知らない人たちに囲まれるというのに、ほとんどの赤ちゃんは泣いてぐずるということがないのです。始めは動きの少なかった赤ちゃんも、ほんの数分もすれば、もう元気に楽器で遊び始めるのです。

たとえばマラカスという楽器（図5－1）があります。ラテン系の音楽でよく使われ、中に砂のようなものが入っているので、手に持って振るとシャッシャッという音が鳴ります。6か月くらいの赤ちゃんは、これを口に入れたりなめたりしますが、それでも相手が振って鳴らすのを見ると、自分でも鳴らすことがあります。7～9か月くらいになると、赤ちゃんの前に差し出したマラカスに、自分の持っているマラカスを当てて、コツンという音を鳴らすようになります。ここに、自分と相手と楽器という3者の関係（3項関係といいます）ができます。

たいていの赤ちゃんは、オーシャンドラムという、平たくて丸い筒状の楽器（図5－2）が大好きです。筒の中に、ビーズや金属の玉などが入っているので、傾けると玉が転がって、ザーという波が打ち寄せるような音がします。それで、オーシャンドラムというのです。ドラムなので、平たい面をたたいて鳴らすこともできます。これを赤ちゃんに向かって差し出すと、6か月くらいでもたたき始める赤ちゃんがいます。オーシャンドラムの端に手が当たると、中の玉が音をたてて転がります。そのときに相手の顔を見たりするのです。9か月くらいになると、相手と交互にオーシャンドラムをたたくような赤ちゃんも出てきます。

3　音楽のまね遊び

マラカスをまねして振るように、6～7か月くら

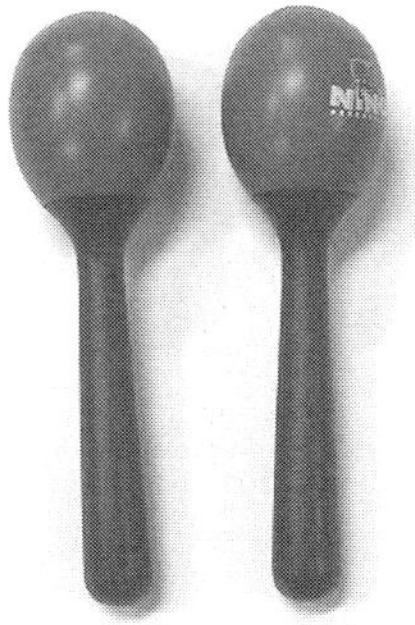

図5－1　マラカス

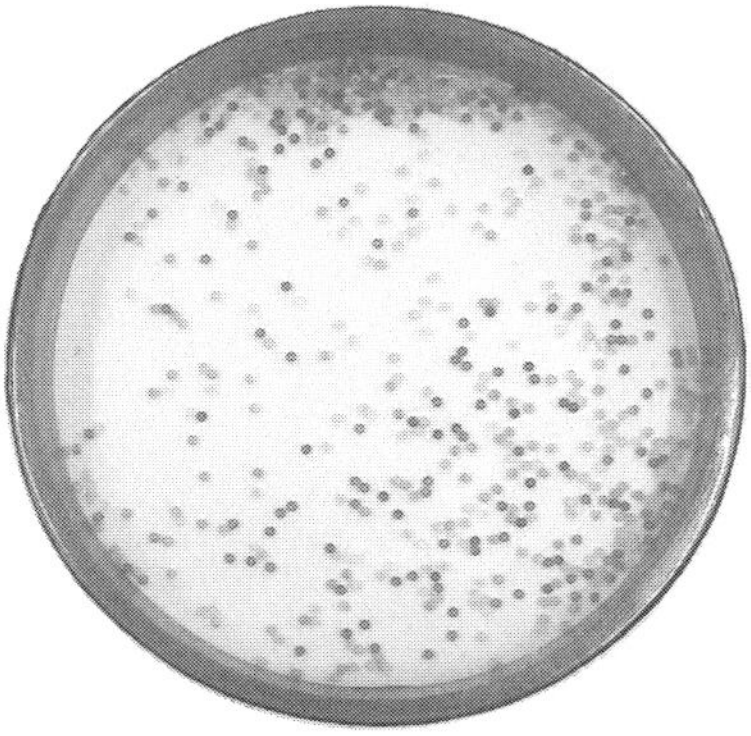

図5－2　オーシャンドラム

いになると、手や体を使ったまねが始まります。手をパチパチたたいたり、お母さんのしぐさをまねしたり、テレビの体操のまねをしたりします。1歳を過ぎてくると、今度は、相手が自分のまねをしているのに気づくようになります。気づくだけでなくて、自分のまねをしている人のほうをよく見て、笑いかけたりします（Meltzoff, 1990）。そこに相手とのかかわりが生まれます。さらに、本当に自分のまねをしているのか、しぐさややり方を変えて、相手を試したりするようになります。ちょっと大げさにいえば、まね遊びを通じて自発的な表現を引き出すことにもつながるのです。

ひとり遊びが多くてコミュニケーションが取りにくい子どもでも、こちらが子どものまねをすると、何か変なことをしているなという感じでこちらのほうを注目します。私たちは、発達で気になるところのある子どもが親子で通う療育施設で、そういう3～4歳の子どもと親のグループ音楽活動をやっています。

子どもは内側、親や保育士などの大人は外側に座り、全体で丸く輪になって、大人が子どものまねをします。初めはなんだか自分勝手に楽器をたたいたり鳴らしたりしていた子どもたちが、ふとした拍子に自分がまねをされているのに気づきます。すると、まねをしている相手のほうを見ながら、おもしろがって楽器の使い方を実にさまざまに工夫して変化させます。時には子どもがくるっと向きを変えて、他の子どもたちや別の大人のほうに向かってアピールするかのように、楽器を鳴らし出したこともありました。それをきっかけに近くの子どもたちが寄って来て、いっしょに楽器でまね遊びをするということもありました。ふだんはなかなかいっしょに遊ぶことができない子どもたちでも、音楽のまね遊びを通じてコミュニケーションが促進された結果でしょう。

まねは、もちろん音楽がなくてもできますが、音楽があるとまね遊びが非常に多彩になります。たんにしぐさをそのまま動作でまねするだけでなく、体の動きや子どもの気持ちを音楽の表現に置き換えてまねすることもできます。たとえば、子どものすばやい動きをフレーズの短い高くて速いテンポの音楽でまねしたり、ゆっくりした動きをフレーズの長い低くてゆっくりしたテンポの音楽でまねしたりすることができます。体の動きだけでなく、楽しい気持ちを長調のリズミカルな音楽で、穏やかな気持ちをゆっくりとした変化の少ない音楽でまねすることもできます。ここまでくると、たんなるまね遊びを越えて、音楽で表現するという行為に近くなります。

4　赤ちゃんの口まね

実は、赤ちゃんは、生まれて数時間から、もうまねができるといわれています。まだ手足は自由に動かないので、舌を出したり、口を開けたり、唇を突き出したりという、口の周りだけのまねです（Meltzoff & Moore, 1977）。

第1章でお話ししたように、赤ちゃんの口は生まれてくる前の胎児のときから、もう指を吸ったり、あくびをしたり、舌を出したり、もぐもぐ動かしたりして、さかんに活動しています。生まれてきてからは、ミルクや母乳をしっかり飲むのに口や舌は大事なはたらきをします。そういう意味で、口は、赤ちゃんの体の中で最も早くから活動できる場所なのです。

もちろん、赤ちゃんはほとんど1日中寝ているので、機嫌よく目覚めていて、こちらのほうを注目してくれることはあまりありません。だから、なかなか実際に赤ちゃんの口まねを体験できることは少ないかもしれません。ただ、こういう口のまねは、最近ではチンパンジーやサルの赤ちゃんでも観察されていますので（Myowa-Yamakoshi et al., 2004; Ferrari et al., 2006）、霊長類が進化の過程で獲得した機能と考えられます。

私たちは、最重度の脳障害者でも、この口まねができることに気がつきました（Go & Konishi, 2008）。手足がほとんど自由に動かず、言葉もまったく話せない4歳から39歳の脳性麻痺の患者さんが、相手が口を開けるのをまねして口を開けるのです。障害が強いため、赤ちゃんの口まねのように舌を出したり唇をすぼめたりというまねはできませんが、口を開けることはまねできるのです。同じ脳性麻痺の患者さんでも、物のほうにちょっと手を伸ばしたり、何かを少しの間だけ握ったりすることができるくらいの能力が残っている人は口まねをしません。最重度の脳障害があっても、口の開閉でコミュニケーションを取れる可能性が残っているのです。

5 まねは高度な脳機能

赤ちゃんも、手足がある程度自由に動くようになってくる生後2～3か月くらいになると、口のまねをしなくなってきます。チンパンジーやサルの口まねも同じようにやがて消えていきます。その後、6~7か月くらいになると、人の赤ちゃんは手をたたいたり、体操をまねたりといった、手足や体を使ったもっと複雑なまねを始めます。でも、研究者がいろいろ取り組んでいますが、サルやチンパンジーでは、こういう高度なまねはなかなかむずかしいようです（Myowa-Yamakoshi & Matsuzawa, 2000）。猿まねといいますが、実は、体を使ったまねは人にしかできない高度な機能なのです。

脳の中には、誰かが自分のまねをしているのを見たときに強く活動する部位があります。ここは、まねではない行動のときには活動しませんし、自分が誰かのまねをするときにも、あまり活動しません（Decety et al., 2002）。こういう脳の活動が、人と人との関係の基にあるのではないかと考えられています。

6 多彩な楽器を使って

子どもが成長して発達が進んでくると、もっといろんな楽器でコミュニケーションをうながすことができます。子どもにとって、楽器はきれいな音がして、見た目の形や色も新鮮で、さわった感触も何だか変わっている、そういうおもしろいおもちゃなのです。世界の中には本当にさまざまな民族楽器があって、見ているだけで大人でも十分楽しめます。人と人の間の関係を育むといっても、ただたんに人を集めてくるだけでは何も始まりません。何か間を取りもつものが必要です。楽器や音楽は、その架け橋になるのです。

たとえば、図5－3のような、手のひらに乗るくらいの大きさのフィンガーシンバルという楽器があります。似たような小さなシンバルは、インドや東南アジアなどで宗教的な行事などに使われていますので、それなりに由緒正しい楽器です。これを、ふつうのシンバルのように広い面どうしを打ち合わせて鳴らすのでなく、ふち（図5－3の＊）どうしを軽く当てて小さな音を鳴らすのです。もちろん、自分ひとりで鳴らすこともできますが、相手と1個ずつ持って2人で鳴らすようにすると、相手と動きを合わせないと音が鳴りません。うまく相手のシンバルに当たってチーンというきれいな音が出ると、つい自然に相手と顔を見合わせてしまいます。そこに相手との関係が生まれます。

図5－4はトーンチャイムという楽器です。この棒のような楽器を振ると、上のハンマー部分が下の金属部分に当たっ

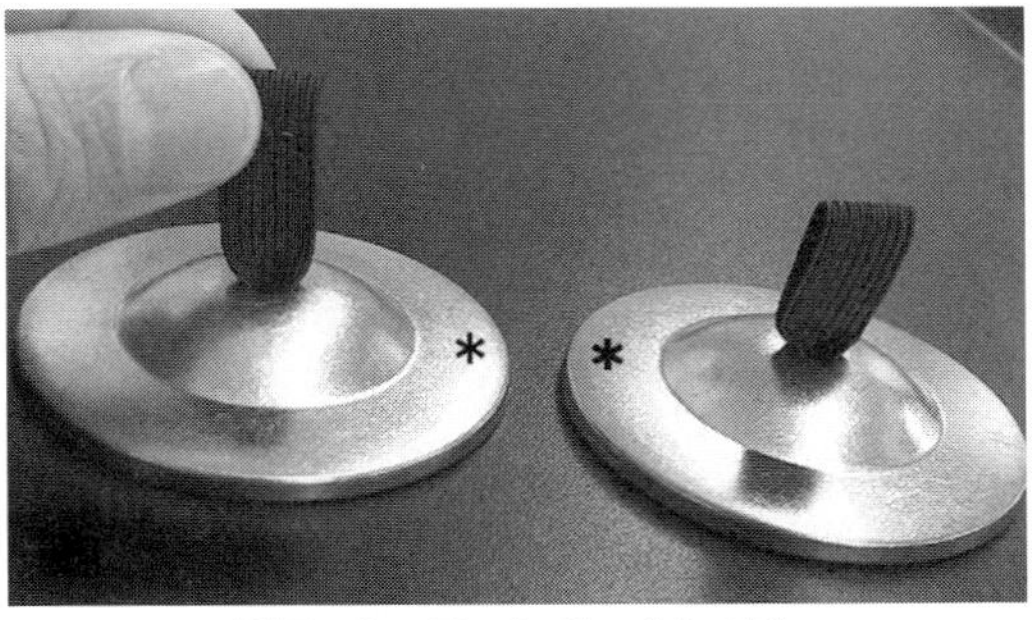

図5－3　フィンガーシンバル

て、きれいなドレミの音階が鳴ります。皆で輪になって、最初の人が、誰かの方向に向かってトーンチャイムを振って鳴らします。今度は、その音を向けられた人が次の人に向けてトーンチャイムを鳴らします。そうやって順番に音を回していくのです。誰かに向けてトーンチャイムを鳴らすときには、その人の顔を見ます。鳴らす人のほうをよく見ていないと、音が誰に向けられたのかわからなくなります。自分に順番が回ってくるまで、辛抱して待っていることも要求されます。

タンバリンはたいていの学校に置いてあるごくふつうの打楽器です。これを自分でたたくのではなく、相手に向かって差し出して、相手にたたかせます。そうすると、相手のたたき方、たたく強さなどを自分の手で感じることになります。バシッとたたかれたときに相手のことをどう思うか。自分がたたく番になったときにどう考えるか。タンバリンでなくても、太鼓やカスタネットなど、打楽器なら何でもいいのです。

もっと大きな和太鼓などを何人かで順番にたたく、たたく場所を正面と側面に分担してたたく、というようにルールに従ったたたき方をすることもできます。太鼓に限らず、たいていの打楽器は、たたけばそれなりの音は出ますので、どんな年齢の子どもでも、もちろん高齢者でも、簡単に使えます。たたくことで気持ちを発散さ

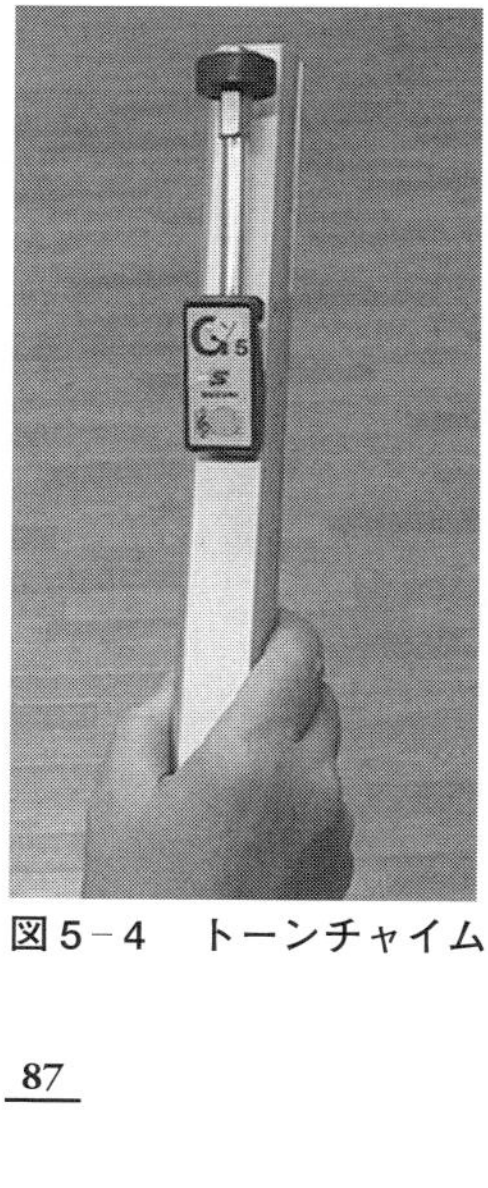

図5－4　トーンチャイム

せて、すっきりするような効果もあります。発達段階が進んでくると、自分の気持ちを太鼓でたたいて表現するということもできるようになります。これを何人かで行なって、楽器でコミュニケーションするということも可能です。

7 発達障害児の音楽ソーシャルスキル・トレーニング

こういう楽器を使った遊びは、子どもだけでなく誰がやっても楽しいので、地域のグループ活動やサークルの中に取り入れて行なっているところもあります。大人のトーンチャイムのサークルなどが、実際に活動しています。

こういう活動を、発達障害やその疑いのある子どもたちのグループ活動として行って、社会的な能力（ソーシャルスキル）のトレーニングを行なうことができます。私たちは実際にいろいろな場所で次のような活動を行なっています。①保健所や保健センターでは、健診で言葉の遅れや多動、友達といっしょに遊べないといった行動上の気になる点を指摘された子どもたちを対象に、短期間の遊びのプログラムとして実施しています。②医療機関では、発達障害と診断された子どもたちを対象に、治療的な活動として定期的に行なっています。また、③学校まで出かけて行って、発達障害児のための特別支援教育の授業として、時には健常児もいっしょに参加したリクレーション活動として行なっています。

通常よく行なわれているソーシャルスキル・トレーニングは、観察学習やロールプレイのような擬似的なリハーサル活動です。音楽によるソーシャルスキル・トレーニングは、実際にちょっとしたけんかも起こるなど、もっと真剣で、しかも楽しい子どもどうしの自発的な活動です。楽器を使った活動は、特にむずかしいルールを覚えなくても誰でも簡単にできる活動なので、遊びのルールをなかなか理解できないこともある発達障害児や知的障害児には適した活動です。その日の活動の目標を最初に説明して、トラブルや規則違反に対してはイエローカードやレッドカードを出す、活動後に活動を記録したビデオを見て自分の行動を振り返る、評価のシールを貼る、といった行動療法的な手法を併用することもできます。

8 音楽ソーシャルスキル・トレーニングの効果

図5－5は、前記①・②の活動を月1回、約1年間行ない、その活動開始時と終了時に、子どもの気になるところを保護者にアンケートで調査した結果です（呉、2008）。当然かもしれませんが、子どもの年齢によって気になる点が異なり、1年後に変化した項目にも違いがみられました。人数が少ないため断定的なことはいえませんが、幼児期（①）では言葉の遅れや集中力に、学童期（②）では他児との交わりや集団行動・こだわりに、両期を通じて多動や落ち着きに改善傾向がみられました。幼児期のこだわり、学童期の冗談の理解、両期を通じてものごとの理解には、あまり変化が

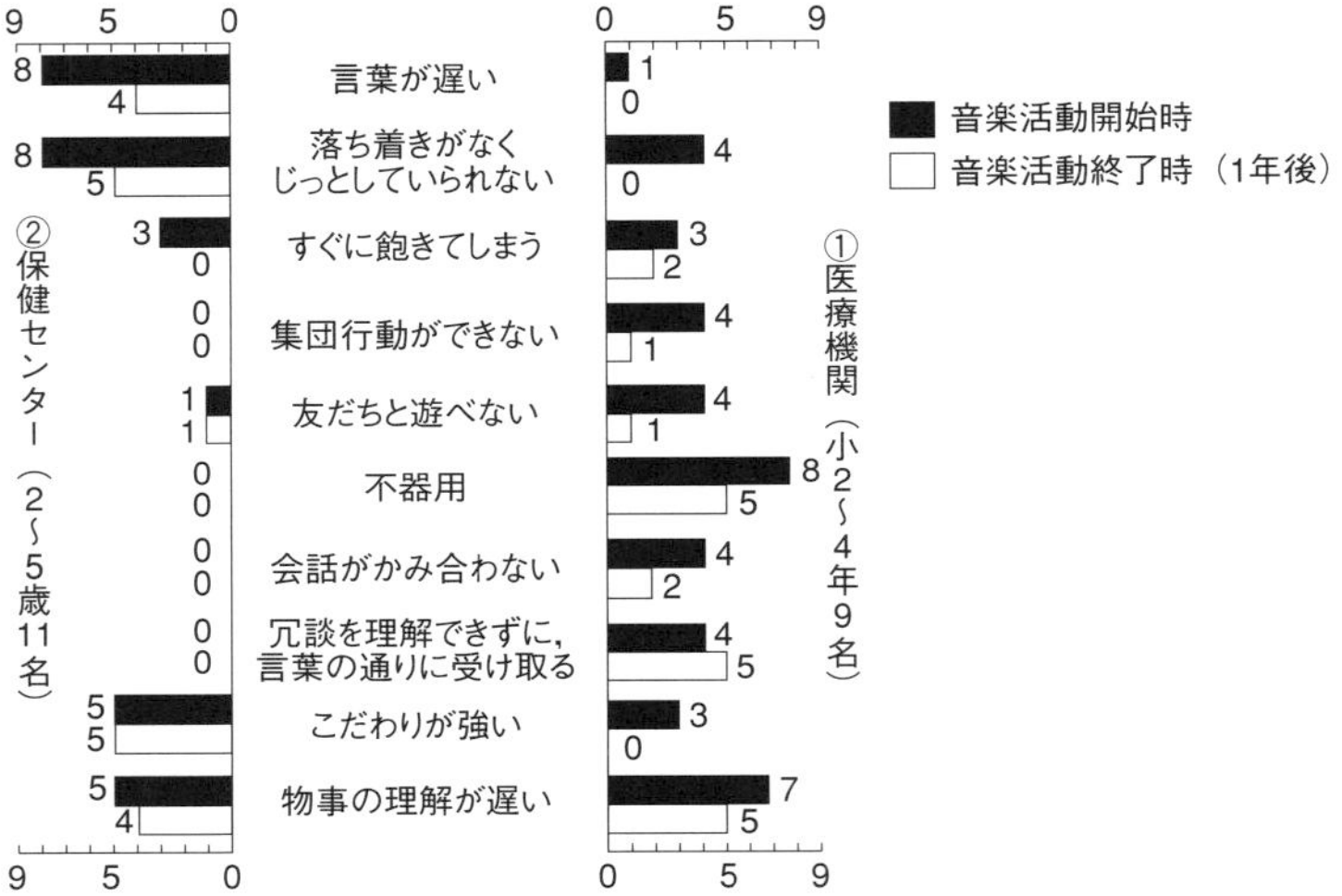

図５－５　保護者のアンケート調査（呉，2008より）

表５－１　保護者の意見と感想（呉，2008より）

１．保健センター（２〜５歳児，①）
- 活動後，不思議と穏やかになっている。
- 楽器で自己表現できる満足感を得ているようで，家でもできる良い方法だ。
- 親子で共に楽しむことができた。
- 色々と楽しく遊べる方法を知ることができた。
- 知らない人と溶け込むのが難しいが，音楽があると自然と遊べるようだ。

２．医療機関（小学２〜４年，②）
- 音楽＝勉強（授業），楽器や歌の練習という考え方が変わったようだ。
- 家にある楽器を楽しそうにさわるようになった。
- 友だちとのやり取りが上手になった。
- 明るくなった。
- 友だちの名前を少し覚えられた。
- 高音になれた気がする。
- 集団の中での子どもの様子を母親が知ることができた。
- 友だちとどう接するかを学んだ。

みられませんでした。そのほかに、保護者からは表5－1のような意見や感想が寄せられました。

子ども自身にも活動後にアンケートを実施して、②の発達障害児と③の小学校の同年齢の健常児約250名とを比較してみました。図5－6にみられるように、他児の顔や目を見たり順番を待ったりすることでは、両者の自己判断に大きな差はみられません。一方で、図5－7でわかるように、発達障害児は物の取り合いになることが多く、そのときに人に譲ることが少なく自分が奪っていることが多いということを自覚しているようでした。でも、図5－8でみると、取り合いになったときの自分や相手の感情に対する質問には、ほとんどがわからないと答えていて、自分や相手の気持ちを省みることはどうもむずかしいようです。このように、音楽ソーシャルスキル・トレーニングで活動中の子どものようすから、ふだんの生活からはうかがい知れないような子どもたちの別の側面を知ることもできます。

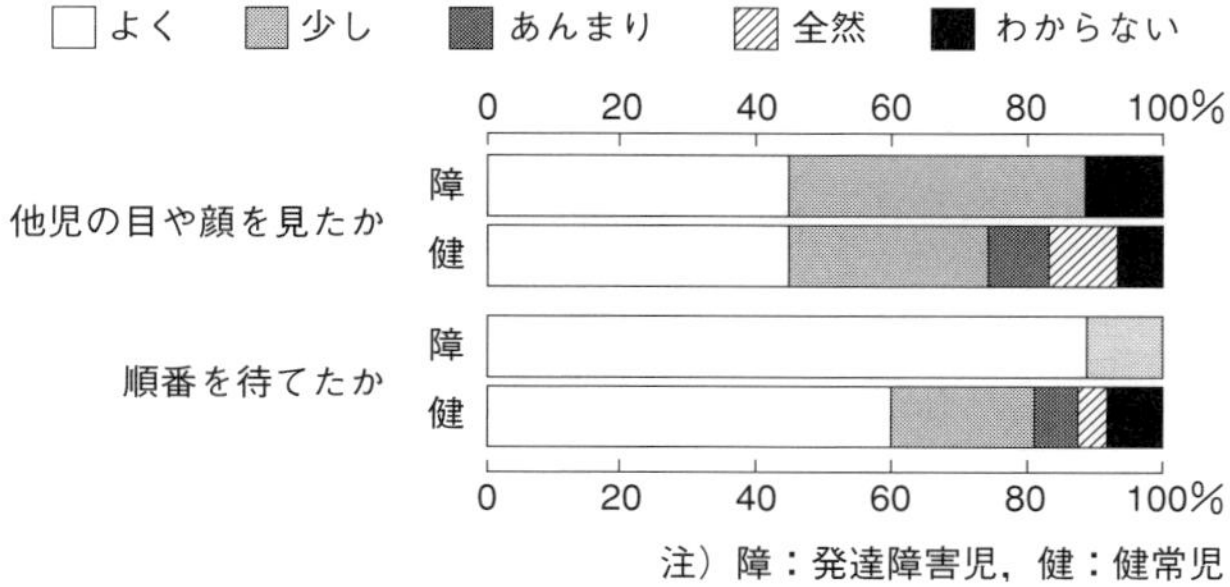

図5－6　子どもへのアンケート調査1（呉，2008より）

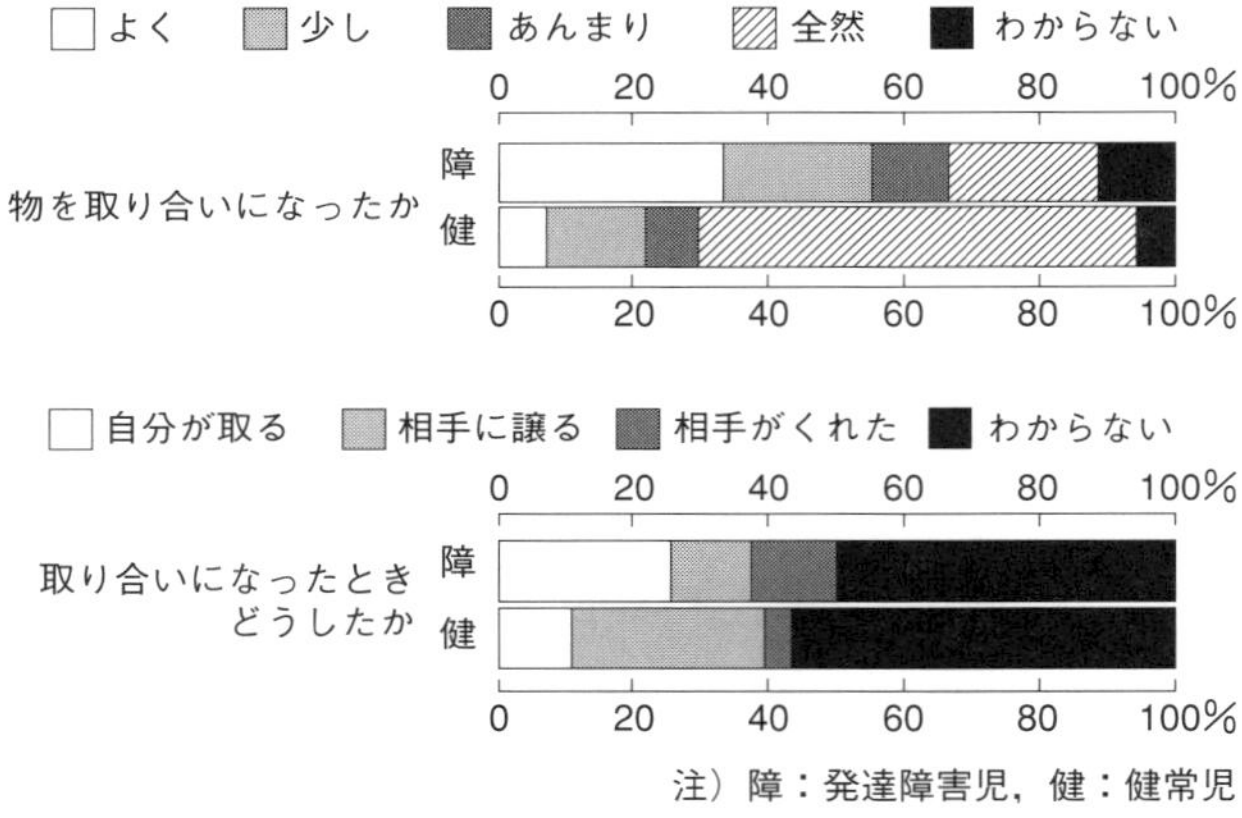

図5－7　子どもへのアンケート調査2（県，2008より）

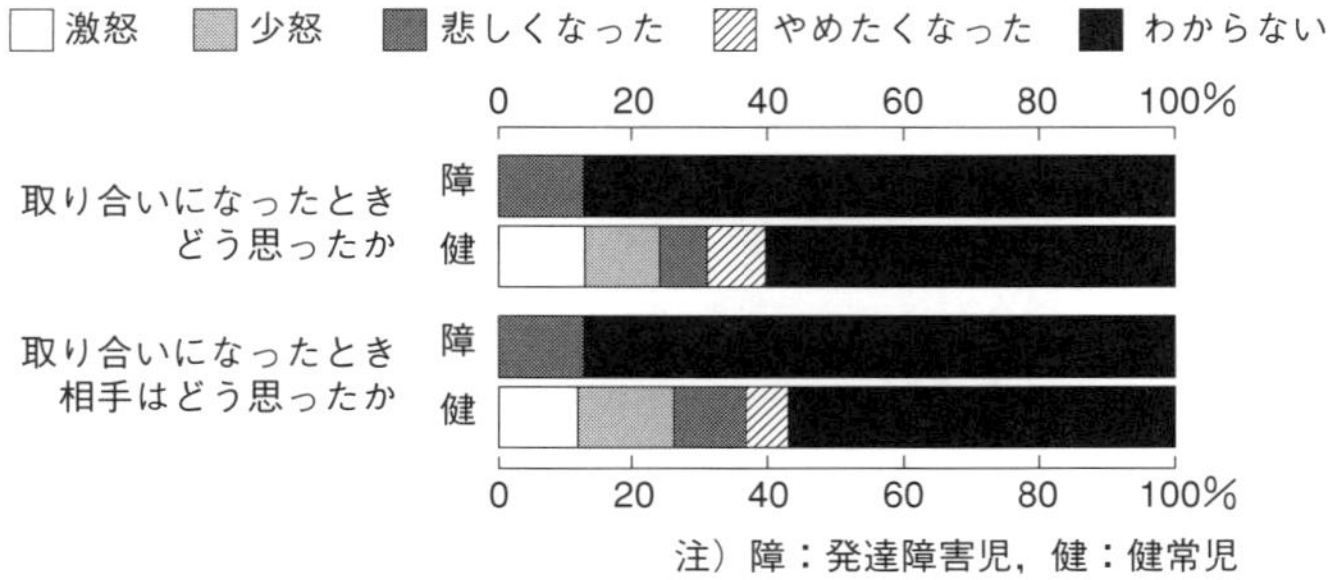

図5－8　子どもへのアンケート調査3（県，2008より）

第6章 赤ちゃんの注意（アテンション）と音楽

1 赤ちゃんの注意を引きつけるもの

赤ちゃんといっしょに何かをしようとすると、まず赤ちゃんの注意を引きつけることが必要になります。大人と違って、興味のないことや嫌なことを我慢してするということがないからです。では、赤ちゃんはいったいどんなものに注意を向けるのでしょうか。

一般的にいって、赤ちゃんの注意を引くものは、大きく2つの系統に分けられるようです。ひとつは、新しい珍しい不思議なものに対する新奇選考です。いつもとは違った音、ふだん目にしないもの、何だか変なものをよく見ます。もうひとつは自己の生存や快感に関係するものです。たとえば自分の養育者（たいていは母親です）に関連したもの（匂いや声など）、その延長として人の顔やそれに近い形をしたもの、心地よく愛着を感じるものなどに注意を向けます。

2 飽きるのはＤＮＡのしわざ

一方で、同じ刺激がずっと続くと、飽きてしまって注意がそれます。これを馴化といいます。馴化が起こっても、しばらく時間をあけたり、ちょっと違う刺激を与えたりすると、以前と同じ刺激に対してまた注意が回復します。こういう現象を脱馴化といいます。こういう反応は人に限ったことではありません。ネズミでも単細胞の原生動物でもみられます。

ある意味でこれは省エネの反応ともいえます。同じ刺激にいつもいつも同じように反応していたら、体がもたないからです。個々の細胞レベルでも似たような反応があります。神経の命令がずっと出続けると、命令を受け取る側の神経細胞の反応がだんだん小さくなるのです。こちらのほうは脱感作といいます。このように、馴化は、地球上に生命が誕生した頃から、長い進化の過程の中で、ＤＮＡの中に刻み込まれてずっと受け継がれてきた根源的な反応なのです。

こういう馴化の反応は、基本的には大人でも同じようにみられますが、大脳皮質の発達のおかげで、それを抑制したり我慢したりすることがある程度可能です。赤ちゃんにはそれがありません。発達するにしたがって、だんだんできるようになっていきますが、逆に、発達が未熟だったり、遅れていたり、脳損傷によって機能が衰えてくると、その程度に応じて赤ちゃんの状態に近くなっていきます。

このことは障害者と何かの活動をするときには必ず覚えておくといいでしょう。障害が重度であればあるほど反応がないのは障害の重さが原因と考えがちです。でも、何かの機会に驚くような大きな反応が出て、無反応の原因は障害ではなく、注意が向かなかったり、馴化して飽きていたりしていたためだったと思い知らされることがあります。たとえば、手足がほとんど動かない脳性麻痺の男の子が、キーボードの音色をピアノからチェンバロに変えたとたんに、そちらのほうに顔を向けて声を出したことがありました。これは、ピアノの音には馴化していたのが、珍しいチェンバロの音が聞こえてきたので脱馴化したのだと考えられます。

3 赤ちゃんの好きな音楽

では、赤ちゃんは、どんな音や音楽に注意を向けるのでしょうか。

6か月の赤ちゃんを図1－9のようにセッティングして、ふつうよりやや高い声の歌と同じ人のやや低い声の歌を左右のスピーカーから聞かせてみると、図6－1のように、低い声よりは高い声のほうに注意を向けました（Trainor & Zacharias, 1998）。同じように、不協和音（濁ったように聞こえる和音）よりは協和音に（Trainor & Heinmiller, 1998）、調性のないものよりは調性のあるものに（Saffran & Griepentrog, 2001）注意を向けますが、いずれの場合にも、図6－1のように、その差はすぐになくなって長続きしないようです。長調と短調については月齢によって好みが違うようで、やはり長続きしないようです（二藤、2004）。メロディについてはまだよくわかっていません。

こういう実験結果をみると、いろいろな音の違いに対する注目度には差があるけれども、馴化がかなり早く起こるようなので、赤ちゃんの実際の反応をよく観察して、飽きてきたなと思ったら、音楽の速さや高さ、音量やリズム、音色や楽器などを適宜変化させると、脱馴化が起こって、また注意が喚起されるのではないかと思います。

4 楽器は注意を引きつける

そういう音への注目に加えて、楽器の使い方を工夫することでも、子ども

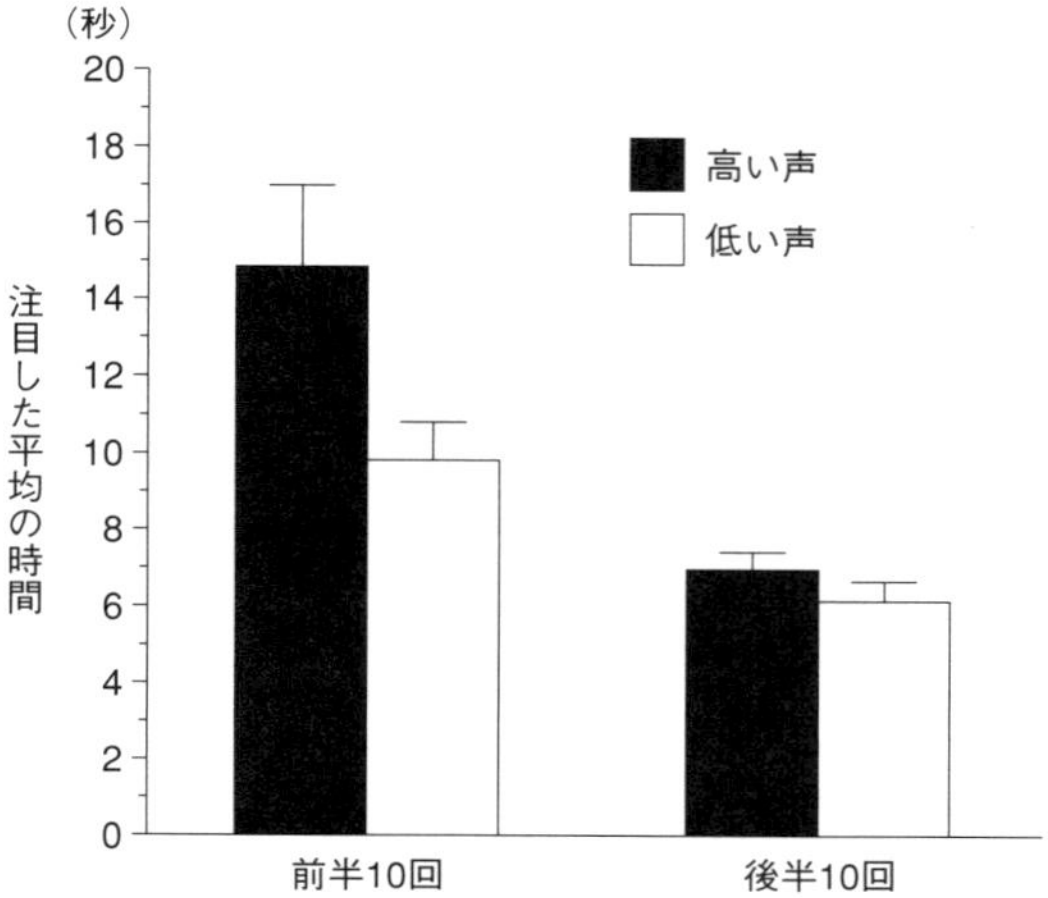

図6－1　音の高さと注目時間（Trainor & Zacharias, 1998より）

高い声と低い声は1オクターブの半分くらい離れている。合計20回の試行のうち，前半10回と後半10回の平均の注目時間を比較したもの。

の注意をうまく引きつけることができます。

落ち着きがないといわれている子どもでも、フィンガーシンバル（図5－3参照）の音がゆっくりと消えていく、その音の余韻がいつまで続くかなといって聞かせると、注意が持続して最後までじっと耳を傾けていることがあります。ふつうのシンバルでも、音を長く響かせながらふわふわと漂うように場所を移動させると、それを静かにずっと目で追っていることもあります。不注意で集中のむずかしい子どもでも、自分の前に出された打楽器をたたくように指示して、楽器を上から出したり横から出したりうしろに隠したりすると、注意の喚起と持続がはかられます。

大人でも、楽器や音を使って注意を引きつけることができます。たとえば、脳卒中の後遺症などで発症する、半側空間無視という高次脳機能障害があります。左右どちらか半分への注意力が低下するので、食事の片側だけを全然食べなかったり、絵を片側だけしか書かなかったりします。そういう人のリハビリテーションには、たとえば、3拍子の歌に合わせて、図6－2のように左、正面、右に配置した3つの太鼓を、拍子に合わせて端から順にたたかせます。3つ全部鳴らさないと、3拍子のリズムが狂うので、通常は無視される左や右の半側への注意が

図6－2　半側空間無視の注意を促す太鼓のリズム

うながされます。無視する側の太鼓の音を、ドンドンパンというように、他の2つとちょっと違った音にすると、もっと効果があるかもしれません。太鼓でなくても打楽器なら何でも使えます。打楽器でリズムをとる代わりに、図6－3のようなミュージックベルで、ドレミファソという音階を完成させることもできます。

コミュニケーションをとることがむずかしく、ほとんど取りつく島がないような場合でも、楽器への興味を媒介にして、少しずつ関係がもてるようになることがあります。たとえば、いつも母親の背中にしがみついて、まったく顔を見せないような子どもに、図6－4のようなメルヘンクーゲルという、キラキラして不思議な音を奏でるボールをそっと転がしてやると、初めはまったく反応がなかった子どもが、何度目かに少し顔をあげてそっとのぞき見るようになり、だんだん母親の背中から離れるようになってきたということがありました。楽器がいかに注意を強く引きつけるかと

図6－4　メルヘンクーゲル

古代ケルト民族に起源をもつといわれる楽器。

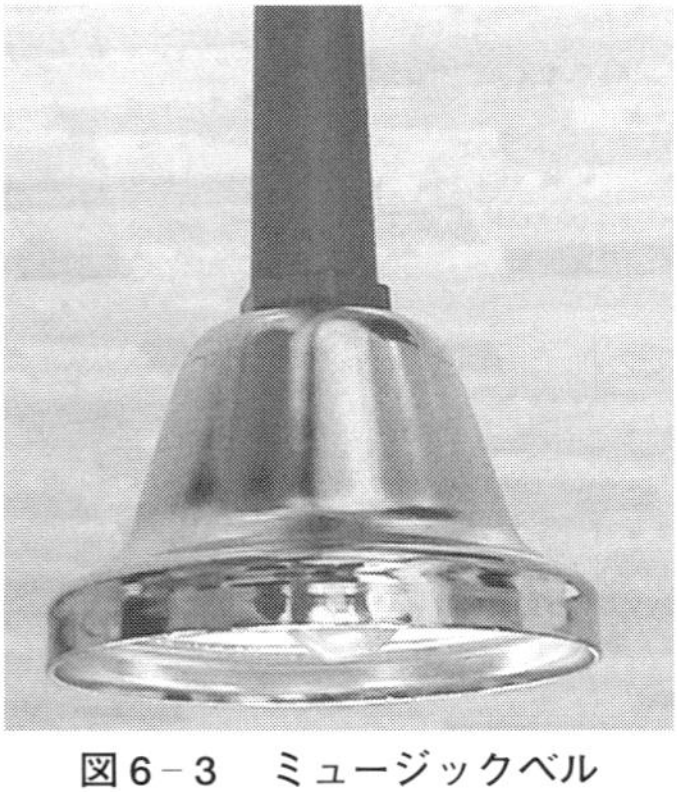

図6－3　ミュージックベル

いうよい例といえるでしょう。

第7章 赤ちゃんにいい音楽

1 赤ちゃんに万能の曲

赤ちゃんと音楽の話をしていると、「赤ちゃんにどんな音楽を聞かせたらいいでしょう」とよく聞かれます。赤ちゃんにどんな音楽がいいかは、個々の赤ちゃんによって違うし、どういうときに聞かせるのかによっても変わってきます。すべての赤ちゃんがいつ聞いてもよいというような、魔法の曲があるわけではありません。一般的な傾向は、これまでの章で個別に説明してきましたので、すでにおわかりのことでしょう。ここでは、これまでとはちょっと違った角度から、音楽の効用について考えてみたいと思います。

2 音楽の作用

音楽はおもに聴覚の刺激として脳に伝えられ、脳のいろいろな場所のはたらきを介して人の心身に影響を及ぼします。そのおもな作用は3つに分けることができます。ひとつは自律神経や脳、ホルモン、免疫機構などの人の体に変化を及ぼす生理的作用、2つめは気分や情動に与える心理的作用、3つめは集団の絆を作る社会的作用です。社会的作用については第5章ですでに説明しました。

ゆったりした音楽を聴くとリラックスするのは誰しも経験することですが、これはおもに交感神経や副交感神経といった自律神経の作用で、心拍数や血圧が下がったり皮膚温が上がったりします。逆に情熱的な音楽やビートの強い音楽を聞くと、血圧や心拍数が上がる場合もあります。

3 音楽のはたらくしくみ

同じような効果は動物でもみられますので、何も人に限ったことではありません。図7－1にみられるように、シューマンのトロイメライのような穏やかな曲をネズミに聞かせると血圧がゆっくり下がりますが、ザーという雑音やショパンの革命エチュードのようなちょっと激しい曲では、血圧に変化がなかったと報告されていています（Nakamura et al. 2007）。聴覚の中枢は大脳の側頭葉（図3－6参照）にあって聴覚野といいますが、ネズミではここを破壊すると血圧に対する作用はなくなります。けれでも、振動や温度や痛みなどの一般的な感覚の中枢の頭頂葉（図3－6参照）を破壊しても作用に変化はありません。耳を破壊すると効果がなくなりますので、音楽を聞くことで起こっていることはまちがいありません（Nakamura et al., 2007）。

自律神経をコントロールしている中枢は視床下部で、大脳の最も下のほうにあります（図３－７参照）。ネズミでここを破壊しても効果がなくなるので、自律神経のはたらきによって起こっている変化といえます。神経からの指令は、神経伝達物質という化学物質によって次の神経に伝えられますが、視床下部にある、特定の神経伝達物質だけを遮断する薬品を脳内に注入すると血圧の変化がなくなるので、音楽によって視床下部からこの神経伝達物質が分泌されて、血圧が変化するということが

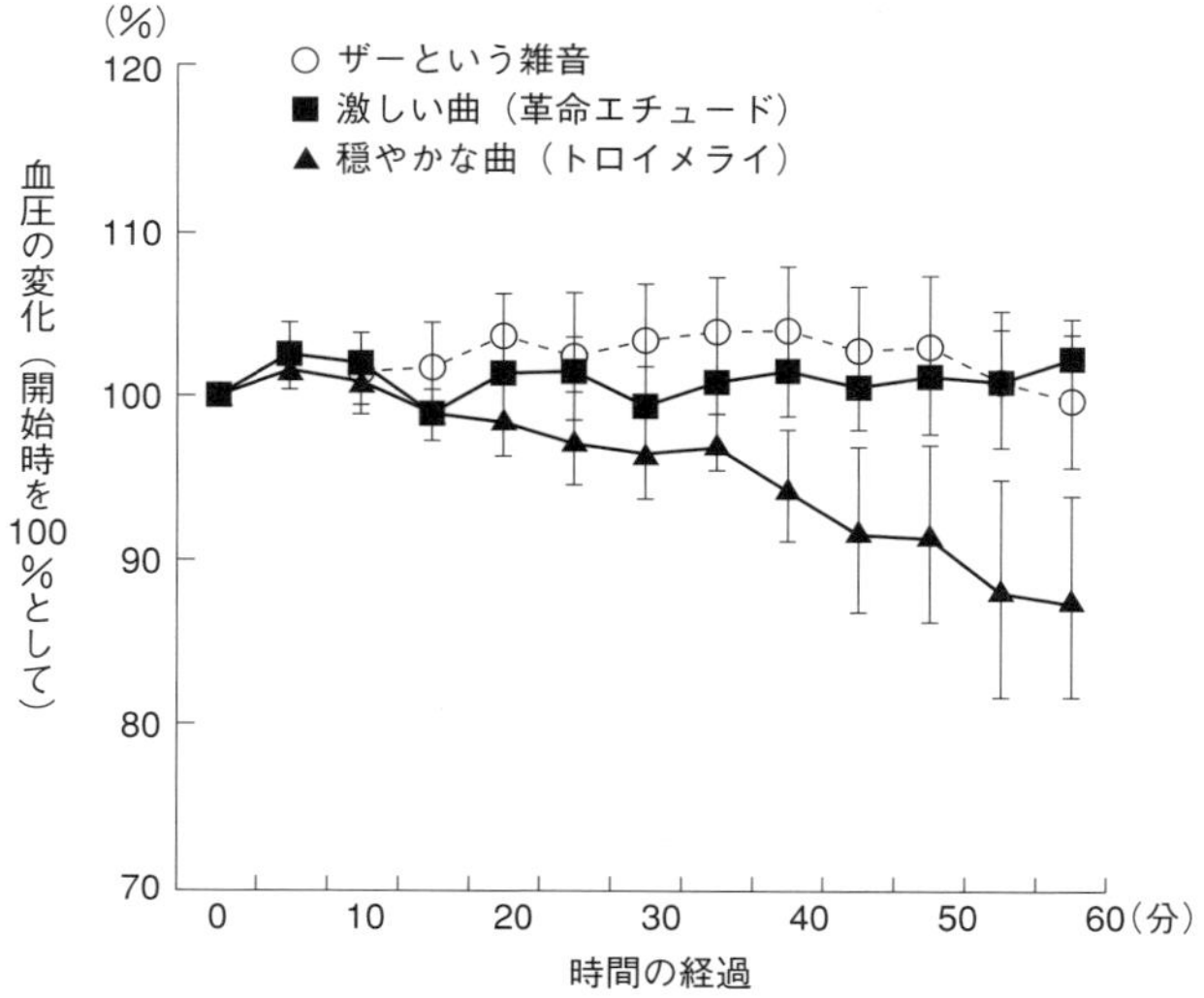

図７－１　音楽によるネズミの血圧の変化（Nakamura et al., 2007より）

麻酔をかけたネズミに３種類の音楽を同じ音量で聞かせて血圧の変化をみたもの。

わかります（Nakamura et al., 2007）。

ネズミに好きな音楽があるかどうかわかりませんが、これは麻酔をかけたネズミに3種類の音楽を聞かせた実験の結果なので、音楽の好み、意識や情動、感情といった心理的作用とは無関係に起こっているものと考えられます。では、いったい、音楽の中の何がそういう作用を及ぼすのでしょうか。残念ながら今わかっているのは、音楽の種類によって動物の体にも違った反応が起こるというところまでで、それ以上のことはまだわかっていません。ちなみに、ネズミの好きな音楽を見つけようといろいろやってみても、なかなかよくわからないようです。その理由のひとつは、ネズミの鳴き声は、おもに、人には聞こえないような2～6万ヘルツという超音波の領域にあるからなのです。だから、仮に好きな音楽があるとしても、人とはかなり違うのかもしれません。

視床下部は自律神経の中枢ですが、同時に怒りや不安などの情動行動、睡眠、体温調節、ホルモン分泌などの中枢としてもはたらいています。外部からいろいろなストレスがかかると、視床下部のはたらきを介して副腎皮質ホルモン（腎臓の上にある副腎から分泌される）の分泌が増えます。その分泌が音楽によって抑制されると報告されています（Fukui & Yamashita, 2003）。副腎皮質ホルモンはステロイドホルモンともよばれ、一般的に免疫反応を抑制するようにはたらきます。合唱をすると、唾液中の免疫グロブリンの分泌が増えるということも報告されています（Kreutz et al., 2004）。

4 音楽と脳

音楽を聞くとしばらくして起こってくる急性の効果だけでなく、音楽を毎日聞いていることで起こってくる長期的な変化も報告されています。

ネズミに3週間毎日音楽を聞かせていると、神経組織の生死や発育、機能に関係した神経成長因子や神経栄養因子というタンパク質の量が視床下部で変化してきます（Angelucci et al., 2007）。子どものネズミでも同じような効果があって、生後2週間のネズミ（ネズミは生後6か月で、人の18歳に相当する大人になります）に毎日音楽を聞かせると、2週間くらいで記憶や学習などに深い関係のある受容体（神経伝達物質の指令を受け止めるもの）が聴覚野で増えてきて、1か月くらいすると増え方がもっと大きくなります（Xu et al., 2007）。

ネズミの音の聞こえ方は人と同じではないので、ネズミの実験結果が人でも同じとは必ずしもいえませんが、脳内のタンパク質や神経伝達物質を直接調べることは人ではなかなかできないので、そういう点で、こういう動物実験はたいへん参考になります。

ところで、子ネズミをボールやぐるぐる回転する遊具、他の仲間がいっしょにいるような豊かな環境で育てると、1匹だけで何の遊び道具もない飼育箱で育てたのに比べて脳の神経細胞のつながり具合が増えて、脳もより重くなることが知られています。大人のネズミでも同様に、豊かな環境で生活すると神経のつながりが増えます。音楽もこういう豊かな環境のひとつとして脳に影響を与えるのかもしれません。

5 人の知能の発達と音楽

こういう脳に対する作用は、人でも研究されています。そのひとつのきっかけになったのが、モーツァルトの曲を聞かせると知能がよくなるという、いわゆる「モーツァルト効果」です。モーツァルトの「2台のピアノのためのソナタK・448」を大学生に10分間聞かせると、図7－2に示したように、朗読の録音を聞く場合や何も聞かないときに比べて、頭の中で図形の空間的な配置の変化を推理するという課題の点数が少しよくなったという論文が、1993年に、有名なイギリスの科学雑誌「ネイチャー」に掲載されたのです

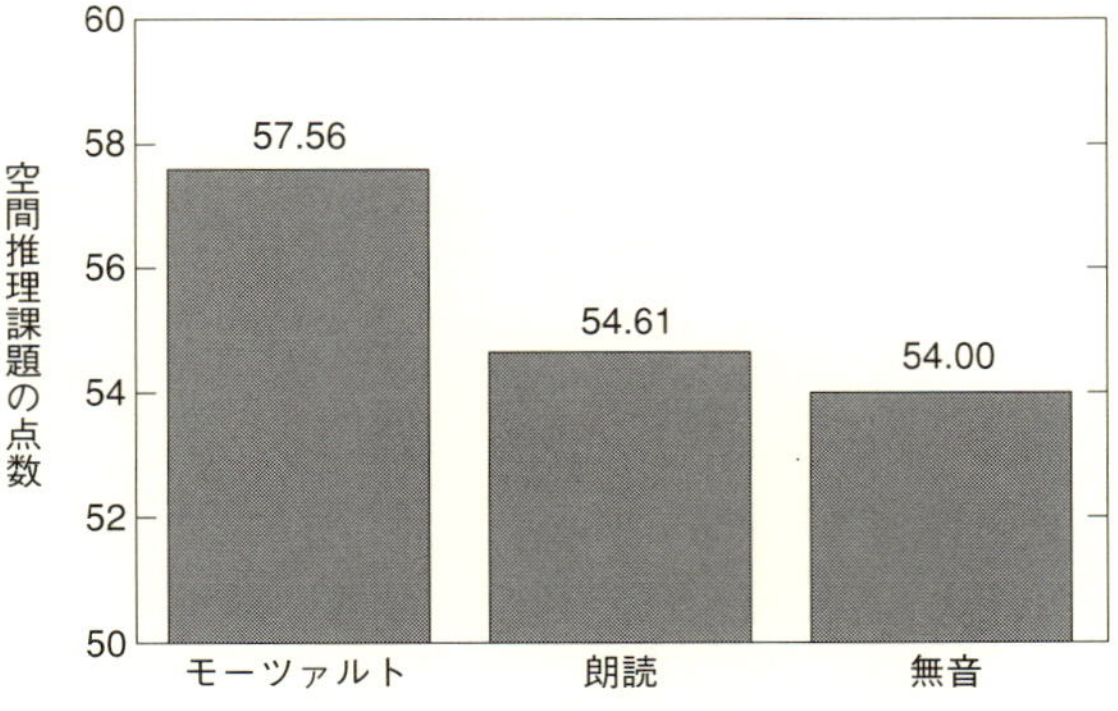

図7－2 モーツァルトの音楽と空間推理課題（Rauscher et al., 1993より）

36人の大学生で比較したもの。心拍数には変化がなかった。

(Rauscher et al., 1993)。

空間的な図形配置の推理とは、たとえば、図7－3の上段：BにCのどれを組み合わせたらAの図形になるでしょうか、下段：Aの紙を2回二つ折りにしてBのようにし、黒い部分を切り落としてから紙を広げたら、Cのどの形になるでしょうか、というような問題です(Schellenberg & Hallam, 2005)。

モーツァルトの数ある名曲の中で、どうして「2台のピアノのためのソナタK・448」なのかというと、アインシュタインという高名なモーツァルトの研究家（相対性理論の創始者アインシュタインの親戚）が、モーツァルトの作曲した「到達しがたい唯一無二の作品」(Einstein, 1947／浅井〔訳〕, 1961) と評価しているのが理由（?）だそうです。この曲を実際に聞いてみると、2台のピアノが比較的単純なメロディをいっしょに弾いたり、さまざまなかけ合いをしたりするので、曲の構成を考えながら聞いていると、図形の空間的な配置を考え

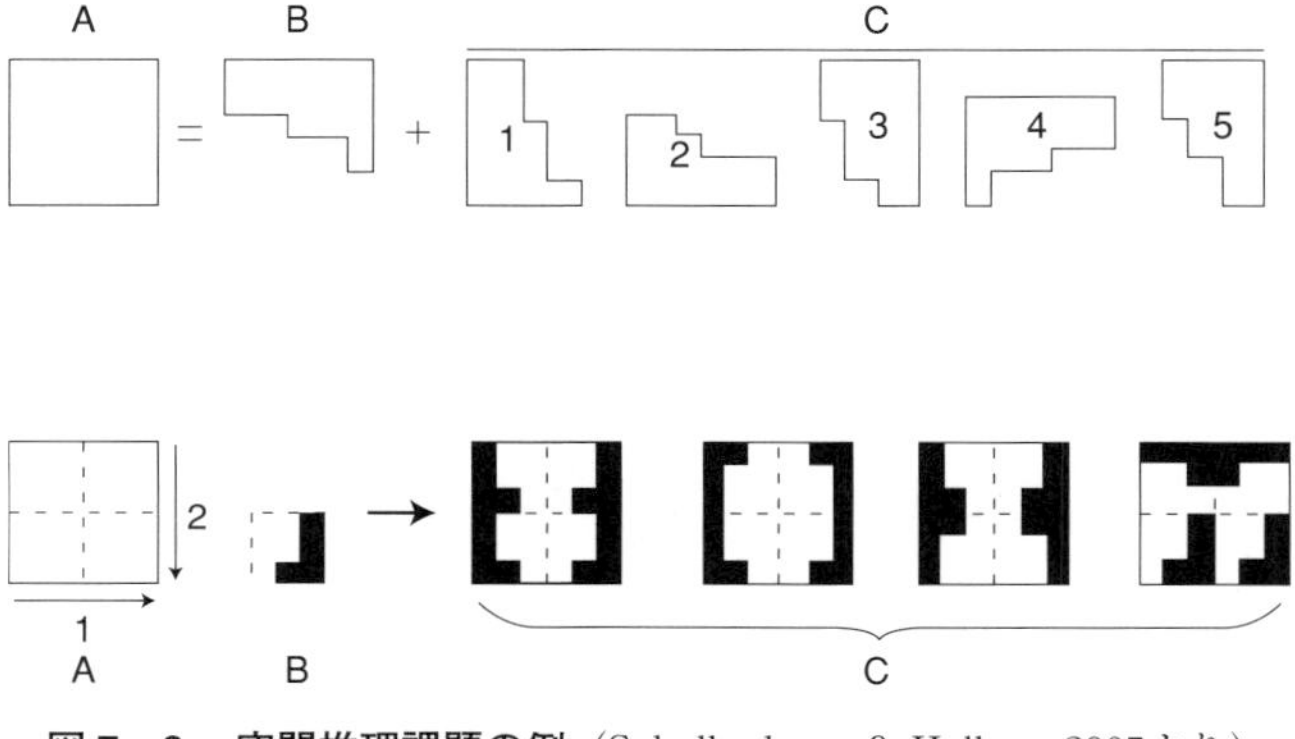

図7－3　空間推理課題の例 (Schellenberg & Hallam, 2005より)

ているのと似たような状態になるのかもしれません。

それはともかく、オリジナルの「モーツァルト効果」を報告したこの論文では、効果は10～15分すればなくなり、効果は空間推理課題の成績に限定されるとしているのもかかわらず、その後どんどん拡大解釈されて、知能全般によい、健康にもよいと、商業的な思惑もあってか万能薬のように喧伝されるような事態に発展してしまいました。

6 「モーツァルト効果」のウソ・ホント

音楽を聞かせると空間的な推理課題の成績がよくなるという実験結果は、他の研究者からも同じような結果が報告されているので、どうも本当のようです。ただし、音楽は必ずしもモーツァルトの曲に限らないようです。

たとえば図7－4のように、図7－2と同じモーツァルトの曲を聞かせた場合と、同じ演奏者が同じCDに録音しているシューベルトの曲を聞かせた場合を、何も聞かせなかった場合と比較してみると、モーツァルトでもシューベルトでも同じような効果がみられています（Nantais & Schellenberg, 1999）。

ポピュラー音楽でも同じような効果が報告されているので、いわゆるクラシック音楽だけに効果があるわけではありません。どうも、陽気で覚醒作用のあるような音楽なら効果があるようです。

逆に、アルビノーニのアダージョ（映画では悲劇的な幕切れのシーンに使われたりしています）のような重くて暗い曲では、音楽がないときよりも成績が悪くなるようです（Thompson et al., 2001）。だから、同じモーツァルトの曲でも、速く演奏して聞かせたら遅く演奏したときより成績がよくなり、長調風にしたほうが短調風にしたときより効果があるという報告も出ています（Husain et al., 2002）。

イギリスのBBCは、1996年に子どもで大規模なモーツァルト効果の検証を行ないました。イギリス全土の200以上の小学校から、10～11歳の6年生（日本では小学5年生に相当します）の子どもを8000人以上募集し、BBCのラジオ放送を10分間聞かせた後に、図7－3に示した2

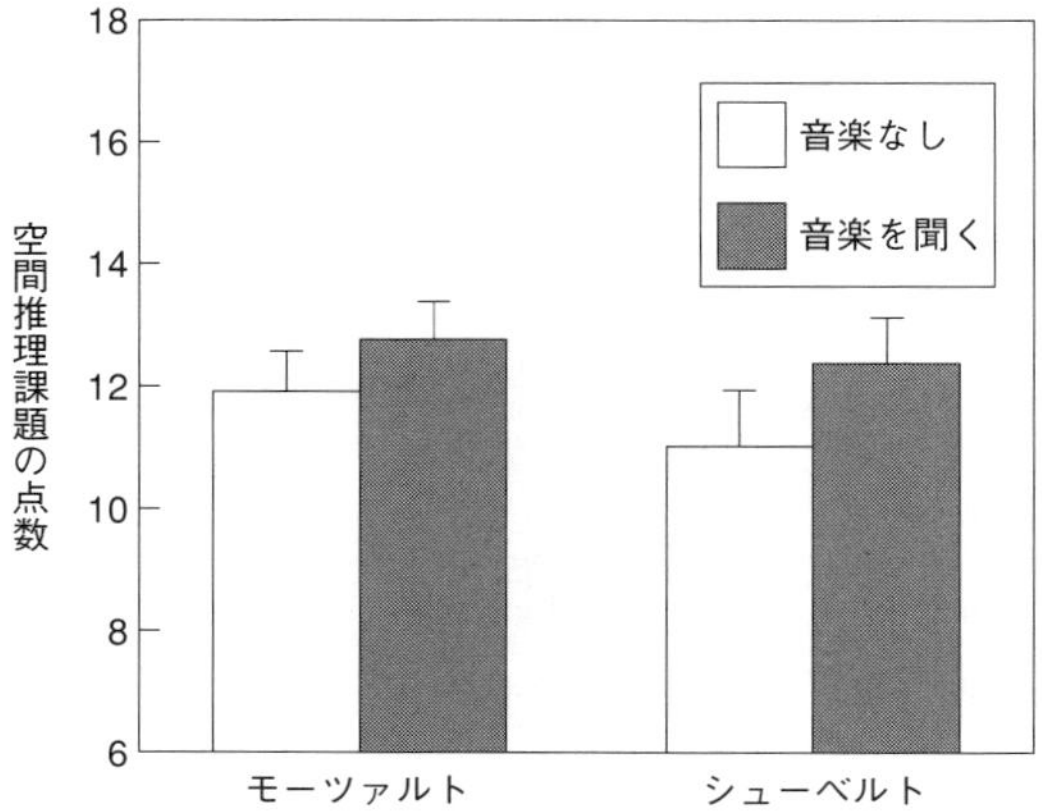

図7－4　モーツァルトとシューベルトの比較（Nantais & Schellenberg, 1999より）

大学生に，10分間モーツァルトやシューベルトの曲を聞かせた場合と何も聞かせなかった場合で，空間推理課題の成績を比較したもの。

つの空間推理課題を解かせました。放送の内容は、3分の1の子どもでは当時流行していたポップミュージック、別の3分の1の子どもではモーツァルトの弦楽五重奏曲K・593、残りの3分の1の子どもではジャーナリストの討論でした。その結果、図7-5のように、2種類の課題のうち簡単なほうの四角形を完成させる問題では、3種類の放送で成績に差は出ませんでしたが、むずかしいほうの紙を折って切る問題では、ポップミュージックを聞いた子どものほうがモーツァルトや討論を聞いた子どもより正答率がよく、モーツァルトと討論では正答率に差はありませんでした（Schellenberg & Hallam, 2005）。

日本の5歳の幼稚園児で調べた研究もあります（Schellenberg et al., 2007）。約1時間のお昼ごはんの後、空間推理課題の代わりに自由にお

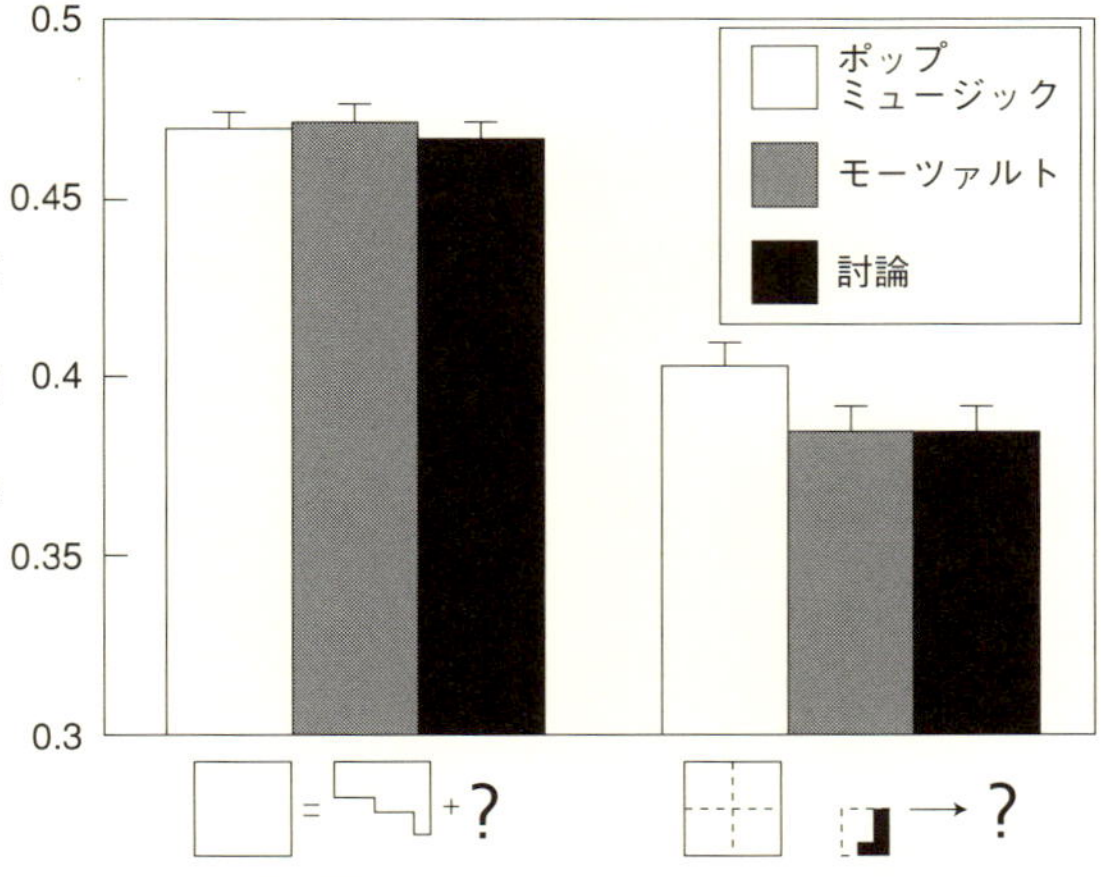

図7-5　ＢＢＣの調査結果（Schellenberg & Hallam，2005より）

絵かきをしてもらいます。1回目は何も音楽を聞かないで、その数日後の2回目は音楽を聞きながらお昼ごはんを食べます。聞く音楽は、モーツァルト（2台のピアノのためのソナタK・448）、アルビノーニのアダージョ、子ども向けのよく知っている曲（「パンダ、ウサギ、コアラ」「象さん」「チューリップ」など）の3種類のどれかです。1回目と比べて2回目のお絵かきの時間がどれだけ長くなったか、どれだけ上手（創造性、活気、技巧を大人が評価する）になったかを比較してみると、図7－6のように、子ども向けのよく知っている曲を聞いた後に、お絵かきの時間が最も長くなり上手になった（図7－7）という結果になりました。アルビノーニの曲の後では音楽を聞かなかったときとあまり差がなく、モーツァルトの曲の後ではそこそこの効果はありましたが、子ども向けのよく知った曲ほどではなかったという結果でした。結局、自分の好きな明るい曲を聞くと効果があるということなのでしょう。

そういう音楽を聞くと、どうして空間推

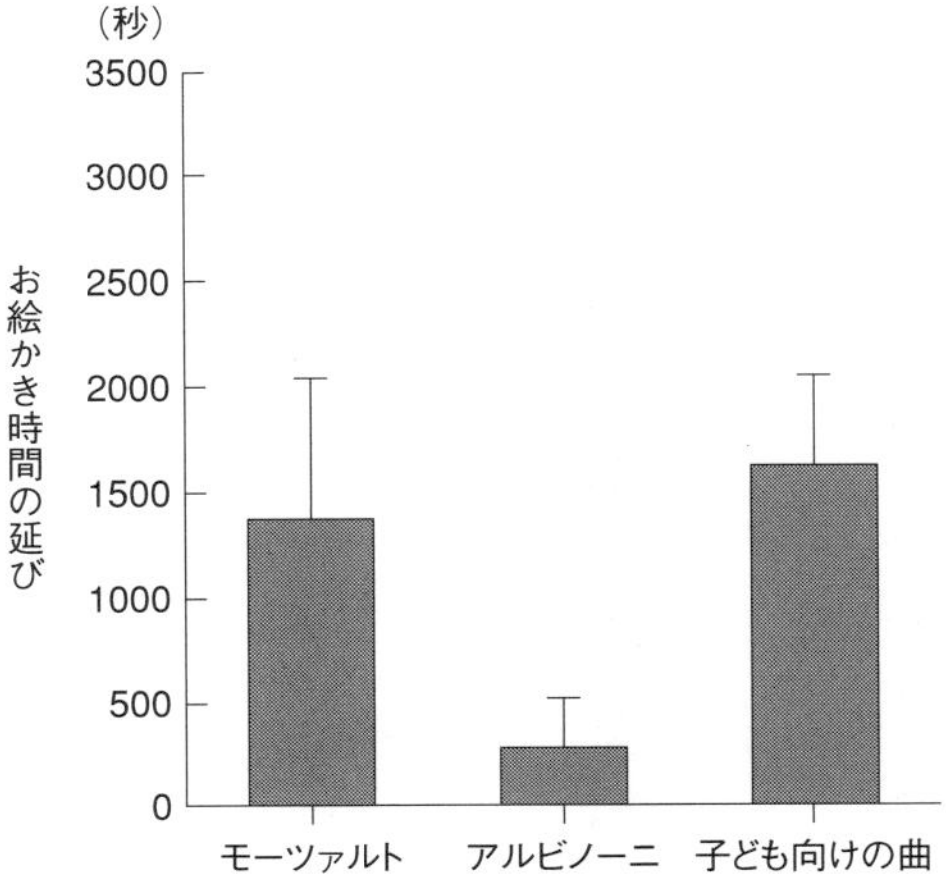

図7－6　幼稚園児のお絵かき時間と音楽
（Schellenberg et al., 2007より）

理課題の成績がよくなるのでしょうか。

　音楽を聞くと脳のいろいろな部位がはたらきます。よく、言葉は左の脳で聞いて、音楽は右の脳で聞く、なんていいますが、実はそんなに単純なものじゃないんです。音楽の中にはいろいろな要素があります。音の高さ、リズム、音質、メロディ、拍子など、それぞれを処理する脳の部位があって、左右どちらの脳も関係しています。脳内の場所も、前のほう（前頭前野）から横のほう（上側頭回）、てっぺんの内側（頭頂葉内側の楔前部）など、多くの部位が関わっています。こういう部位は、空間推理課題を行なうときに使う脳の部位とかなり共通しているので、音楽を先に聞いていると、課題を解くときに使う脳の活動があらかじめ高まったような状態になり、あたかもジャンプをするときの助走のような効

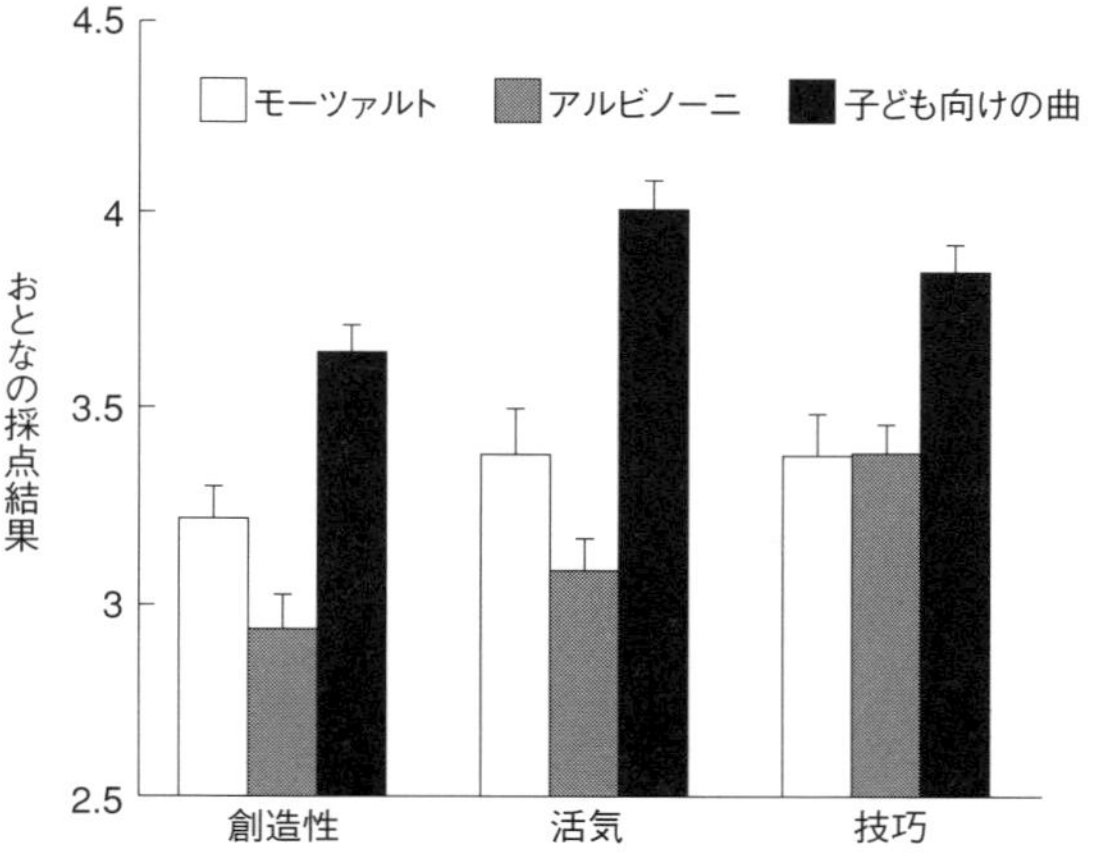

図7－7　幼稚園児のお絵かきの内容と音楽（Schellenberg et al., 2007より一部改変）

果を発揮して、後の課題が解きやすくなるのではないかと推測されています（Jenkins, 2001）。

7 音楽のレッスンの効果

音楽をちょっと聞くことで、空間認知の能力が短い時間だけよくなるのなら、定期的に音楽のレッスンを受けたらもっとよい影響があるんじゃないだろうか。誰でもそう思うでしょう。

そういう疑問に答えるために行なわれた研究があります。それまで音楽のレッスンを受けたことのない、公立小学校に通っている6歳の子どもに、週に1回、合計36週間の音楽のレッスンをプロの教師から受けさせて、同じ期間、同じ頻度で同じようなプロの教師か

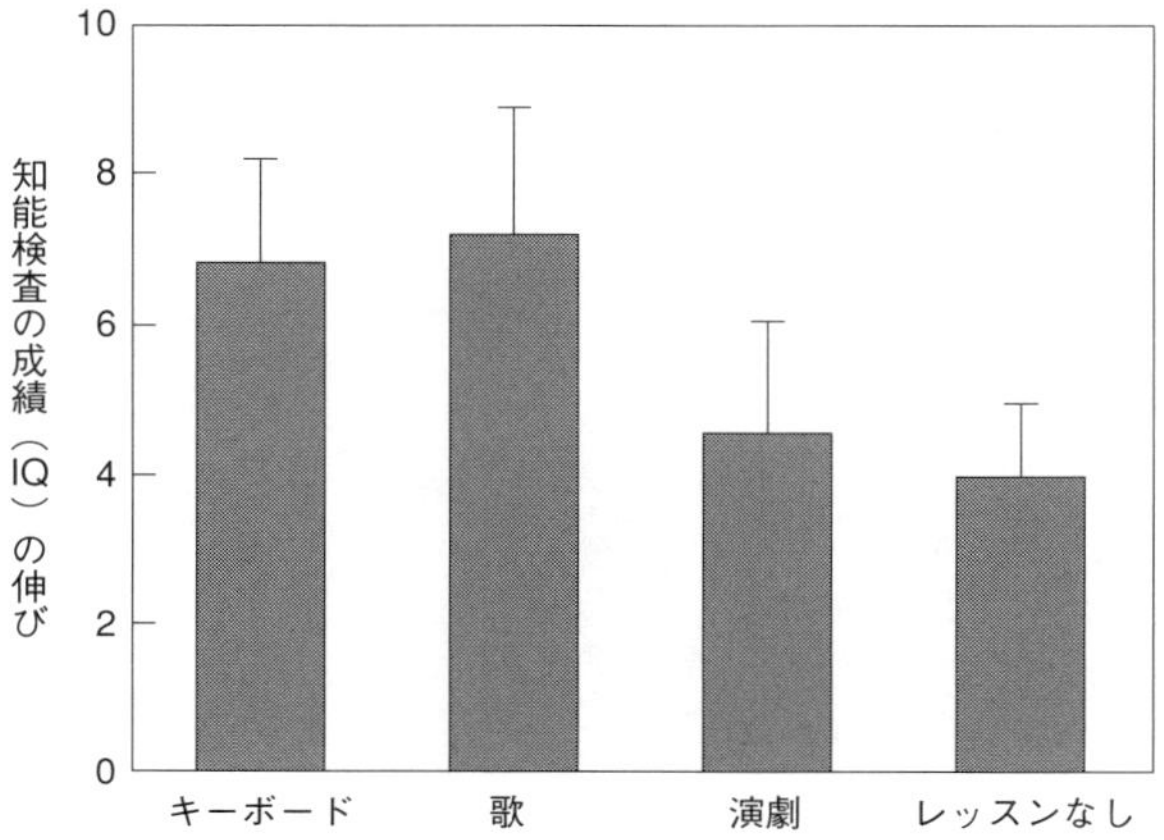

図7－8　36週間の音楽のレッスンと知能（Schellenberg, 2006より）

ら演劇のレッスンを受けた子どもや何もレッスンを受けていない子どもと比較した研究です（Schellenberg, 2006）。レッスンの前と後でＷＩＳＣ-Ⅲという最も標準的な知能検査の成績（ＩＱ）を比較してみると、図７－８のように、どのグループでもＩＱが増加しましたが、音楽のグループのほうが、演劇のグループや何もしないグループよりも伸び方がほんの少し（！）大きかったのです。キーボードと歌という、音楽のレッスンの内容による差はありませんでした。何もレッスンを受けていない子どもでもＩＱが伸びているのは、学校での勉強などによる伸びを反映しているのだと思われます。

ＩＱの中身を詳しく分析してみると、音楽グループで伸びがよかったのは、ＷＩＳＣ-Ⅲで行なう12項目の課題のうちの10項目で、類似（例：タイヤとボールはどこが似てる？）、単語の語彙（例：ジュースって何？）、理解（例：火にさわるとどうなる？）、数唱（聞いた順や逆の順に数字を復唱する）、絵の完成（例：不完全な鉛筆の絵を見て、どこが足りないかを言葉で答える）、符号（例：△と⼀、○と＝、□と‖、☆と—というような幾何学図形と符号の決められた組み合わせに従って、問題用紙に並んでいる△○□☆のところへ、⼀、＝、‖、—という符号を書き入れる）、絵の配列（例：自動販売機にコインを入れてジュースを買う、というような一連の操作を数コマの絵で表現したものを見て、順番に並べる）、積木の模様（例：モデルと同じ模様を制限時間内に与えられた数の積木で作る）、組み合わせ（例：分解されたパズルのピースを組み合わせて、リンゴの形を作る）、記号（例：数個の記号のセットの中に、ある記号があるかどうかを答える）の課題です。ただし、その差はほんの2～3点で、算数の課題（例：数本の木の絵を見て、木の本数を答える）や一般的な知識（例：にわとりの子は何？ という質問に言葉で答える）には差がありませんでした。さらに、学校の勉強の達成度を調べるテストでは、どのグループ間にも差がありませんでした。

また、ＩＱとはちょっと視点を変えて、まわりの人と協調して適切な関係を築くといった社会的な適応能力という点でみてみると、レッスン前より伸びていたのは演劇のレッスンを受けたグループだけで、他のグループでは変化がみられませんでした（Schellenberg, 2006）。あたりまえかもしれませんが、音楽が万能というわけではないのです。

8 長期効果

もっと長期間の音楽のレッスンの効果も調べられています。

たとえば、カナダで公立小学校に通っている6～12歳の子どものＩＱをＷＩＳＣ-Ⅲで検査して、過去に受けた音楽のレッスン期間との関係を調べた報告では、図7－9の左側に示すように、音楽のレッスン期間が長いほうがＩＱの値も高くなるという傾向がみられました（Schellenberg, 2006）。ＩＱの中身をみてみると、先に説明したＷＩＳＣ-Ⅲの12項目中、組み合わせ以外の11項目でレッスン期間と成績の間に関連性を認めました。

こういう調査結果をみると、何が何でも音楽のレッスンを受けさせようと考える親も出てくるかもしれませんが、この調査でＩＱとの関連性が最も強かったのは親の教育程度（学歴）でした。やはり音楽の効果にも限界があるということです。ただ、親の収入よりは音楽のレッスン期間のほうがＩＱとの関連性が強かったので、それなりの効果はあるようです。また、この調査では、小学校の勉強の達成度を調べるテストでも、音楽のレッスン期間と関係して成績がよくなっているという結果になっています。そして、社会性のほうはやはりレッスン期間との関係が認められませんでした（Schellenberg, 2006）。

さらに長期の効果をみる目的で、カナ

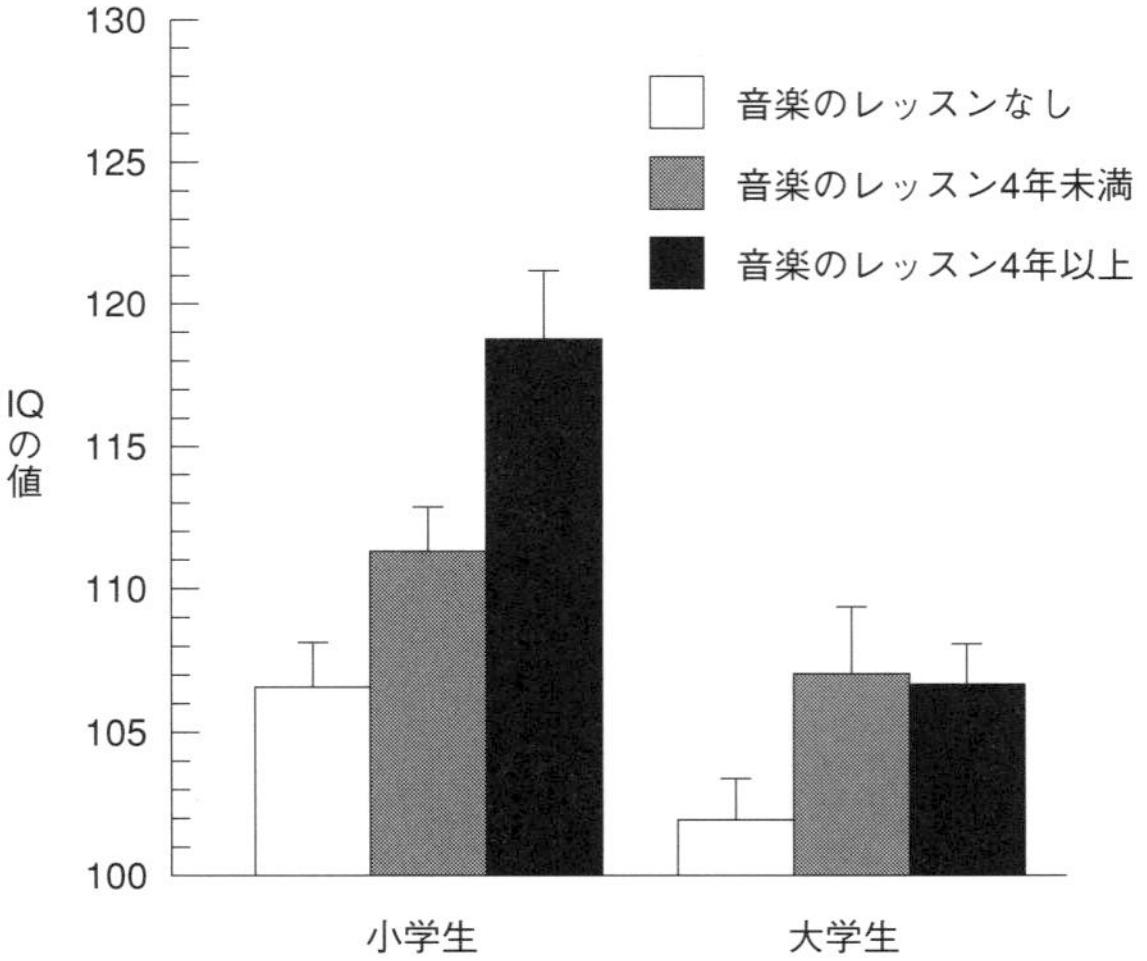

図７－９　音楽のレッスン期間と知能（Schellenberg, 2006より一部改変）

ダの大学生150人にも同様の知能テスト（WAIS-Ⅲ）と過去の音楽の練習（レッスン＋その後の自分の練習）期間との関係の調査が行なわれ、小学生ほどではありませんが、図7－9の右側のような、弱い関連性が認められています（Schellenberg, 2006）。

9 心に響く音楽

音楽は知能だけでなく心にも響きます。好きな音楽を聴くと、脳の深部にあって人の本能をつかさどる扁桃体（図3－7）や線条体（図3－7の大脳基底核の一部）、中脳（図3－6）などの血流が変化して、人の情動を動かし感動をもたらします。

楽しい音楽を聞くと気分が明るくなり、悲しい音楽を聞くと気持ちがふさぐのはあたりまえかもしれませんが、それほど長くは続かないようです。大学生に40分間、楽しい音楽と悲しい音楽を聞かせて、その後の気分の変化を幸福感、不安感、悲しみ、怒りの4つに分けて調べてみると、図7－10のように、音楽を聞いた直後に最も影響が大きく、およそ10～20分くらいで元の状態くらいに戻っていました（Panksepp & Bernatzky, 2002）。音楽で気分が明るくなると、仕事などを頼んだときにも協力的になることが多いという報告もある（Fried & Berkowitz, 1979）ので、子どもに何か用事を頼むときには、楽しい音楽を聞かせた直後がいいかもしれません。

効果の持続はさらに短い傾向がありますが、図7－10でみると、不安や怒りといった感情も音楽を聞くことで一時的に軽くなるようです。ここで興味深いのは、明るい音楽だけでなく悲しい音楽でも、同じくらいの軽減効果があることです（Panksepp & Bernatzky, 2002）。

不安という感情は動物にもあります。たとえば、ヒヨコを1匹だけ仲間や群れから引き離すと、キイキイと声をあげたりパニックになって暴れまわったりして分離不安を示します。そういうヒヨコに音楽を聞かせると、鳴き声が減ることが報告されています。こういう効果は、ザーという雑音や人の話し声では起こりません。また、ヒヨコは音楽を聞くと、頭を横に振ったり、羽をバタバタさせたり、あくびをしたりする行動も増えることが観察されています。こういう行動は、分

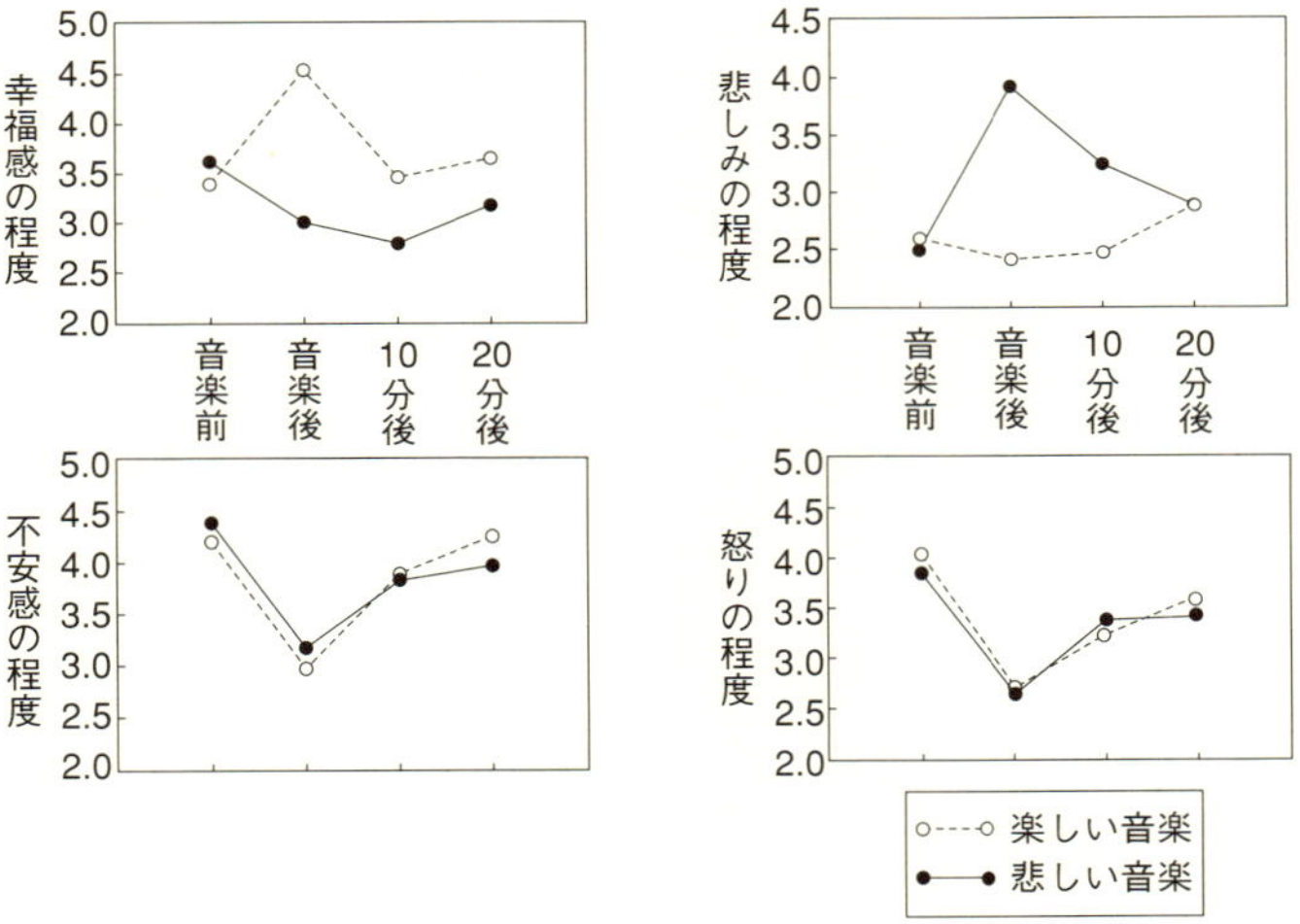

図7－10　音楽による気分の変化（Panksepp & Bernatzky, 2002より）

大学生に1990年代のポピュラー音楽を2種類聞かせて行なった調査。

離不安を抑える作用のある物質を脳内に投与したときにみられる行動とまったく同じなので、音楽はそういう物質と同じような作用を脳にもたらすらしいと考えられています（Panksepp & Bernatzky, 2002）。

泥棒よけに犬を飼っている人もいると思いますが、実は、犬は留守番が嫌いらしく、不安になってワンワン鳴いたり物を壊したりすることもあるようです。そういう犬には一度音楽を試してみるといいかもしれません。

10 聞くだけよりも――脳の可塑性

今までみてきたように、音楽を受動的に聞くだけでもさまざまな効果はありますが、自分で楽器を演奏したり歌ったりして能動的に音楽に関わると、もっと大きな効果が期待できます。それは、実際にやってみることで、脳や神経に新しいつながりができたり、神経の指令の伝わり方が増強されたりして、神経系の活動状態に変化が起こるからです。

人の脳には、１０００億個とも２０００億個ともいわれるくらい多くの神経細胞があります。そのほとんどは、赤ちゃんがこの世に生まれて来たときにはすでに脳内にあって、その後は、けがなどで細胞が死滅しても、新たに生まれてくることはほとんどありません。一方で、たくさんある神経細胞どうしのつながりは、誕生時にはまだまばらで、赤ちゃんの発達に伴って急速に増加し、環境の変化に応じて刻々と変化していきます。

たとえば、子猫の片目をずっと何かで覆っていると、目や脳そのものにはもともと何も支障がなくても、光を遮断された側の目は見えなくなってしまうのです。これは、眼が覆われることで光の刺激がなくなり、目から脳にいたる細胞どうしのつながりが発達しなかったために起こる現象です。同じことは人間にも起こります。

こういう現象（脳の可塑性といいます）は、赤ちゃんの時期が最もさかんですが、大人になってからでもずっと続いています。たとえば、利き手じゃないほうの手の親指と他の指の先を、決められた順番にタッチしていくという練習を1日10～20分、3週間行なうと、指の動きがだんだん早く正確になっていきます。同じ側の手の同じような運動でも、違う順番で指と指をタッチする運動は上達しません。しかも、このタッチ運動をしているときの脳の活動を調べてみると、練習した順番のときのほうが、練習していない順番のときに比べて、脳の活動部位が広くなっていたのです。つまり、練習した運動に対応した神経のつながりが増えたのです。しかも、この変化は練習をやめて2か月たってもまだ残っていたのです（Karni et al., 1998）。これも細胞のつながり方の変化によって起こる現象です。脳や神経は、結構融通性に富んだ組織なのです。

障害者でも同じようなことが起こっています。耳が聞こえなくなった人が手話で会話をすると、言葉を話したり聞いたりしていないのに、音声で会話をするときにはたらく言語中枢がはたらいていることが報告されています（Sakai et al., 2005）。目が見えなくなった人でも同様に、点字に指でふれて読書をしているときには、目で字を見ているわけではないのに、物を見るときにはたらく脳の視覚中枢がはたらいているのです（Sadato et al., 2004）。手話を学習することで手から言語中枢へ、点字を学習することで指から視覚中枢へ、新しい神経のつながりができるわけです。

こういう脳のダイナミックな変化を短時間で簡単に体験してみることができます。緑と黒の縦縞模様、赤と黒の横縞模様を数秒間ずつ交互に見ます。これを10分くらい続けると、何も色のついていない白黒の縞模様がほんのり色づいて見えるようになります。縦の縞模様は赤みを帯びて、横の縞模様はちょっと緑っぽく見えます（McCollough, 1965）。脳の中で、赤の横縞や緑の縦縞に対する反応に変化が起こったのだと考えられていて、場合によっては24時間くらい効果が持続することもあるようです。このように、脳は経験したことを取り込んで、刻々と変化していくのです。

11 やる気を出させるには

自分でいろいろやってみることがいいのはわかりましたが、じゃあ、どうしたら子ども自身がやる気になって積極的に活動するようになるでしょうか。それには、子どもの興味をうまく引きつけることが大切です。子どもが好きなもの、たとえばマンガのキャラクターとか、好きなおもちゃとか、子どもが興味をもっているものと関連づけてやってみるのがポイントです。誰でも嫌いなことはやりたくないでしょう。逆に、好きなものなら、いつまでもやっていたいものです。子どもが小さければ小さいほど、好きなものとの間にほんのちょっとした関連でもあれば、仮に大人にはこじつけのようにみえても、喜んでやってくれることがあります。そういう好きなことの中に、子どもの優れた能力が隠れていることがあります。

それから、子どものやったことに対して、必ず何らかの反応を返してやることが必要です。せっかく子どもが何かをしても、何の反応も返ってこないで無視されると、そのうちやらなくなってしまいます。できれば積極的でポジティブな反応を返してやると、喜んで何度もやってくれるようになります。動物でも、仕込んだ芸をしたら必ず食べ物という報酬をやらないと、いずれ芸をしなくなります。ムチでしばいてばかりいると、芸をするどころか、ひょっとしたら襲いかかってくるかもしれません。人の場合は、食べ物のような物質的な報酬でなくても、頭をなでてやったり、抱っこしてやったり、手をたたいたりといった、精神的な褒美でも同じような効果があるところが、他の動物と違います。動物では、チンパンジーでも精神的な報酬が有効といわれています。

12 音楽は壁を越える

音楽は世界の共通語とよくいいますが、赤ちゃんや障害者と音楽で遊んでいると、本当にそれを実感します。第4章でお話したように、言葉が話せなくても歌なら歌うことができます。楽器は、特に言葉で説明しなくても、見ているだけで鳴らし方がわかります。だから、まだ言葉を話さない赤ちゃん、発達の遅れなどで言葉が話せない子どもや外国の子どもとも、音楽や楽器でコミュニケーションをとることができます。

音楽は年齢の壁も越えます。大人も高齢者も赤ちゃんも、皆いっしょに楽しく遊べます。私たちは、保健センターや学校、療育施設などで、親子の音楽活動をやっています。子どもの発達や表現をうながすことをおもな目的にやっているのですが、子どもとともに音楽で遊ぶことで、親も一時、ふだんの悩みやわずらわしさから開放されて、気持ちが落ち着くということをよく経験します。太鼓を思い切りポンとたたくだけでも気持ちが晴れるのです。中には、子どもとどうやって遊んだらいいのかわからずに悩んでいる親もいます。そういう人には遊び方のヒントにもなります（表5－1参照）。実際に、私たちの音楽活動で行なったのと同じような遊びを、家でもやっている人もいます。学校では、時どき、学年の垣根を越えて、高学年の生徒も低学年の生徒もいっしょに活動することがあります。見ていると特に何の違和感もなさそうで、生徒たちに感想を聞くと、ほとんどが楽しかった、またやりたいと答えます。

さらに、音楽はいろんな能力の壁も越えます。体や知能や情緒や社会性などに何らかの障害があっても、そういう能力差を越えて、障害者も健常者もいっしょになって楽しめます。近頃は、ノーマライゼーションということで、障害のある人もない人も、いっしょに活動する機会が増えています。そういうときにいっしょに楽しく簡単に遊べる活動は、実はそんなにたくさんありません。音楽や楽器での活動には、障害の強い人でもできるようなものが必ず何かあります。たとえば、指がほんの数ミリしか動かないような人でも、それで操作できるようなスイッチとつなぐことで、キーボードの音をいくつか鳴らすことができます（Go, 2007）。手が使えない人は足で鳴らすこともできます。口にくわえたっていいのです。

13 眠りの音楽

ここまで、赤ちゃんの発達と音楽の関係をずっとみてきましたが、実際には、赤ちゃんは１日の大半を寝てすごしています。そこで最後に、赤ちゃんと眠りの話を少ししてみたいと思います。

赤ちゃんを眠りに誘うのにふさわしいのは、第１章の子守唄のところでお話ししたような、音程やリズムやメロディの変化が少なく、くり返しの多い静かな音楽です。では、睡眠中に聞かせるにはどんな音楽がよいのでしょうか。

これは、よく聞かれる質問ですが、赤ちゃんのいる環境によって違うのではないかと思います。赤ちゃんが自分の家の静かな環境にいるのなら、頭を休めて休息をとるという意味では、何も音楽をかけずに静かに眠らせてあげるのがよいのではないかと思います。眠っていても、外から音が聞こえてくると、赤ちゃんの脳は自分の意思とは無関係に反応してしまいます。それを利用して、生まれたばかりの赤ちゃんの難聴の検査をするくらいです。勝手に活動してしまうので、刺激の強い音楽は脳の休息を妨げます。でも、注意のところでお話ししたように、寝入る前からずっと同じような音楽が流れているのなら、馴れてしまって反応しなくなっているかもしれません。だから、子守唄のような穏やかな音楽なら、寝入ってからもそのままかけ続けていてもあまり害にはならないでしょう。

赤ちゃんがちょっとがやがやしたところや集団の中で寝ているときには、音楽をかけることで環境の雑音を軽減し、騒音によるストレスを緩和することができます。騒音は人をイライラさせ、ストレスによって副腎皮質ホルモンの分泌を高めます。この状態が長く続くと、特定の脳の領域の成長を20~30%減らしてしまいます（Standley, 2003／呉〔訳〕、2009）。音楽がかかっていると、周りの人が音楽に耳を傾けたり、話し声を小さくしたり、音をたてないように注意したりするといった配慮がはたらくためか、騒音そのものも小さくなるという効果もあるようです（Standley, 2003／呉〔訳〕、2009）。

いずれにしても、脳の無用な活動をなるべく起こさないように、赤ちゃんを眠らせてあげることが大切でしょう。

【文　献】

●第1章

DeCasper, A.J. & Fifer, W.P.　1980　Of human bonding: Newborns prefer their mothers' voices. *Science*, **208**, 1174-1176.

Draganova, R., Eswaran, H., Murphy, P., Lowery, C.L., & Preissl, H.　2007　Serial magnetoencephalographic study of fetal and newborn auditory discriminative evoked responses. *Early Human Development*, **83**, 199-207.

Fernald, A.　1985　Four-month-old infants prefer to listen to motherese. *Infant Behavior and Development*, **8**, 181-195.

Fernald, A.　1991　Prosody in speech to children: Prelinguistic and linguistic functions. *Annals of Child Development*, **8**, 43-80.

Fernald, A & Kuhl, P.　1987　Acoustic determinants of infant preference for motherese speech. *Infant Behavior and Development*, **10**, 279-293.

Gerhardt, K.J. & Abrams, R.M.　2004　Fetal hearing: Implication for the neonate. In M. Nocker-Ribaupierre(ed.), *Music therapy for premature and newborn infants*. Gilsum, NH: Barcelona Publishers. Pp.21-32.

Kisilevsky, B.S., Hains, S.M.J., Lee, K., Xie, X., Huang, H., Ye, H.H., Zhang, K., & Wang, Z.　2003　Effects of experience on fetal voice recognition. *Psychological Science*, **14**, 220-224.

北川勝利・谷本奈利紘　2005　タケモトピアノの歌もっともっと・みんなまあるく

http://www.takemotopiano.com/html/cm.htm（2009年 4 月10日閲覧）

明和政子　2009　身体マッピングの起源を探る　ベビーサイエンス vol.9

Nakata, T. & Trehub, S.E.　2004　Infants' responsiveness to maternal speech and singing. *Infant Behavior and Development*, **27**, 455-464.

Nocker-Ribaupierre, M.　2004　The mother's voice—A bridge between two world: Short- and long-term effects of auditive stimulation on premature infants and their mother. In M. Nocker-Ribaupierre(ed.), *Music therapy for premature and newborn infants*. Gilsum, NH: Barcelona Publishers. Pp.97-111.

Rosner, B.S. & Doherty, N.E.　1979　The response of neonates to intra-uterine sounds. *Developmental Medicine and Child Neurology*, **21**, 723-729.

Saito, Y., Aoyama, S., Kondo, T., Fukumoto, R., Konishi, N., Nakamura, K., Kobayashi, M., & Toshima, T.　2007　Frontal cerebral blood flow change associated with infant-directed speech. *Archives of Disease in Childhood. Fetal and Neonatal Edition*, **92**, F113-116.

Standley, J.M.　2003　*Music therapy with premature infants: Research and developmental interventions*. Silver Spring, MD: The American Music Therapy Association.　呉　東進（監訳）　2009　未熟児の音楽療法　メディカ出版

陶山　洋・久原泰雄・諸伏雅代　2006　子守唄の分析と楽曲データに基づく自動作曲プログラムの開発　音楽情報科学, **68**, 55-60.

Trehub, S.E. & Trainor, L.J.　1998　Singing to infants: Lullabies and play songs. *Advances in Infancy Research*, **12**, 43-77.

Trehub, S.E., Unyk, A.M., & Trainor, L.J.　1993　Adults identify infant-directed music across cultures. *Infant Behavior and Development*, **16**, 193-211.

Trehub, S.E., Unyk, A.M., Kamenetsky, S.B., Hill, D.S., Trainor, L.J., Henderson, J.L., & Saraza, M.　1997　Mothers' and fathers' singing to infants. *Developmental Psychology*, **33**, 500-507.

●第2章

Bahrick, L.E. & Lickliter, R.　2000　Intersensory redundancy guides attentional selectivity and perceptual learning in infancy. *Developmental Psychology*, **36**, 190-201.

Dakin, S. & Frith, U.　2005　Vagaries of visual perception in autism. *Neuron*, **48**, 497-507.

呉　東進・長谷川武弘　2005　近赤外分光法による脳血流，組織酸素代謝の評価　周産期医学, **35**, 1481-1486.

McGurk, H. & MacDonald, J.　1976　Hearing lips and seeing voices. *Nature*, **264**, 746-748.

Meltzoff, A.N. & Borton, R.W.　1979　Intermodal matching by human neonates. *Nature*, **282**, 403-404.

Robinson, C.W. & Sloutsky, V.M.　2004　Auditory dominance and its change in the course of development. *Child Development*, **75**, 1387-1401.

●第3章

Brown, S.　2003　Biomusicology, and three biological paradoxes about music. *Bulletin of Psychology and the Arts*, **4**, 15-17.

Grahn, J.A. & Grahn, M.B.　2007　Rhythm and beat perception in motor areas of the brain. *Journal of Cognitive Neuroscience*, **19**, 893-906.

Hannon, E.E. & Trehub, S.E.　2005a　Metrical categories in infancy and adulthood. *Psychological Science*, **16**, 48-55.

Hannon, E.E. & Trehub, S.E.　2005b　Tuning in to musical rhythms: Infants learn more readily than adults. *Proceedings of the National Academy of Sciences of the United States of America*, **102**, 12639-12643.

林　明人　2005　パーキンソン病に効くCDブック　マキノ出版

Masur, E.F. & Olson, J.M.　2008　Mothers' and infants' responses to their partners' spontaneous action and vocal/verbal imitation. *Infant Behavior and Development*, **31**, 704-715.

Phillips-Silver, J. & Trainor, L.J.　2008　Vestibular influence on auditory metrical interpretation. *Brain and Cognition*, **67**, 94-102.

Sacks, O.　2007　Kinetic melody: Parkinson's disease and music therapy. In O. Sacks, *Musicophilia: Tales of music and the brain*. New York: Alfred A. Knopf. Pp.248-258.

Satoh, M. & Kuzuhara, S.　2008　Training in mental singing while walking improves gait disturbance in

Parkinson's disease patients. *European Neurology*, **60**, 237-243.

Thaut, M.H., McIntosh, G.C., Rice, R.R., Miller, R.A., Rathbun, J., & Brault, J.M. 1996 Rhythmic auditory stimulation in gait training for Parkinson's disease patients. *Movement Disorder*, **11**, 193-200.

Trainor, L.J., Gao, X., Lei, J., Lehtovaara, K., & Harris, L. 2009 The primal role of the vestibular system in determining musical rhythm. *Cortex*, **45**, 35-43.

Trehub, S.E. 1993 The music listening skills and young children. In T.J. Tighe & W.J. Dowling(Eds.), *Psychology and music: The understanding of melody and rhythm*. Hillsdale, NJ: Lawrence Erlbaum.

Winkler, I., Háden, G.P., Ladinig, O., Sziller, I., & Honing, H. 2009 Newborn infants detect the beat in music. *Proceedings of the National Academy of Sciences of the United States of America*, **106**, 2468-2471.

●第4章

Albert, M.L., Sparks, R.W., & Helm, N.A. 1973 Melodic intonation therapy for aphasia. *Archives of Neurology*, **29**, 130-131.

Fernald, A. 1989 Intonation and communicative intent in mothers' speech to infants: Is the melody the message? *Child Development*, **60**, 1497-1510.

Fernald, A. 1992 Maternal vocalisations to infants as biologically relevant signals: An evolutionary perspective. In J.H. Barkow, L. Cosmides, J. Tooby(Eds.), *The adapted mind: Evolutionary psychology and the generation of culture*. New York: Oxford University Press.

呉　東進　2008　発達障害の音楽療法　内山伊知郎・他（編著）　子どものこころを育む発達科学　北大路書房　Pp.156-174.

Homae, F., Watanabe, H., Nakano, T., Asakawa, K., & Taga, G.　2006　The right hemisphere of sleeping infant perceives sentential prosody. *Neuroscience Research*, **54**, 276-280.

Koelsch, S. & Siebel, W.A.　2005　Towards a neural basis of music perception. *Trends in Cognitive Sciences*, **9**, 578-584.

Nocker-Ribaupierre, M.　2004　The mother's voice—A bridge between two world: Short- and long-term effects of auditive stimulation on premature infants and their mother. In M. Nocker-Ribaupierre(ed.), *Music therapy for premature and newborn infants*. Gilsum, NH: Barcelona Publishers. Pp.97-111.

Panksepp, J. & Bernatzky, G.　2002　Emotional sounds and the brain: The neuro-affective foundations of musical appreciation. *Behavioural Processes*, **60**, 133-155.

Schön, D., Boyer, M., Moreno, S., Besson, M., Peretz, I., & Kolinsky, R.　2008　Songs as an aid for language acquisition. *Cognition*, **106**, 975-983.

武満　徹　1993　歌の翼，言葉の杖—武満徹対談集　阪急コミュニケーションズ

Decety, J., Chaminade, T., Grèzes, J., & Meltzoff, A.N. 2002 A PET exploration of the neural mechanisms involved in reciprocal imitation. *NeuroImage*, **15**, 265-272.

Ferrari, P.F., Visalberghi, E., Paukner, E., Fogassi, L., Ruggiero, A., & Suomi, S.J. 2006 Neonatal imitation in rhesus macaques. *PLoS Biology*, **4**, e302.

呉 東進 2008 発達障害の音楽療法 内山伊知郎・他（編著） 子どものこころを育む発達科学 北大路書房 Pp.156-174.

Go, T. & Konishi, Y. 2008 Neonatal oral imitation in patients with severe brain damage. *PLoS ONE*, **3**, e3668.

Meltzoff, A.N. 1990 Foundations for developing a concept of self: The role of imitation in relating self to other and the value of social mirroring, social modeling, and self practice in infancy. In D. Cicchetti & M. Beeghly(eds.), *The self in transition: Infancy to childhood*. Chicago: University of Chicago Press. Pp.139-164.

Meltzoff, A.N. & Moore, K. 1977 Imitation of facial and manual gestures by human neonates. *Science*, **198**, 75-78.

Mithen, S. 2005 *The singing neanderthals: The origins of music, language, mind and body*. London: Weidenfeld & Nicholson. 熊谷淳子（訳） 2006 歌うネアンデルタール―音楽と言語から見るヒトの進化 早川書房

Myowa-Yamakoshi, M. & Matsuzawa, T. 2000 Imitation of intentional manipulatory actions in chimpanzees. *Journal of Comparative Psychology*, **114**, 381-391.

Myowa-Yamakoshi, M., Tomonaga, M., Tanaka, M., & Matsuzawa, T. 2004 Imitation in neonatal chimpanzees.

Developmental Science, **7**, 437-442.

●第6章

二藤宏美　2004　乳児の旋律聴取研究　ベビーサイエンス vol.4

Saffran, J.R. & Griepentrog, G.　2001　Absolute pitch in infant auditory learning: Evidence for developmental reorganization. *Developmental Psychology*, **37**, 74-85.

Trainor, L.J. & Heinmiller, B.M.　1998　The development of evaluative responses to music: Infants prefer to listen to consonance over dissonance. *Infant Behavior and Development*, **21**, 77-88.

Trainor, L.J. & Zacharias, C.A.　1998　Infants prefer high-pitched singing. *Infant Behavior and Development*, **21**, 799-805.

●第7章

Angelucci, F., Ricci, E., padua, L., Sabino, A., & Tonali, P.A.　2007　Music exposure differentially alters the levels of brain-derived neurotrophic factor and nerve growth factor in the mouse hypothalamus. *Neuroscience Letters*, **429**, 152-155.

Einstein, A.　1947　*Mozart: sein charakter*. Stockholm: Bermann-Fischer-Verlag.　浅井真男（訳）　1961　モーツァルト―その人間と作品　白水社

Fried, R. & Berkowitz, L. 1979 Music hath charms ... and can influence helpfulness. *Journal of Applied Social Psychology*, **9**, 199-208.

Fukui, H. & Yamashita, M. 2003 The effects of music and visual stress on testosterone and cortisol in men and women. *Neuroendocrinology Letters*, **24**, 173-180.

Go, T. 2007 Medical music therapy for children based on baby science and assistive technology. *Current Pediatric Reviews*, **3**, 198-206.

Husain, G., Thompson, W.F., & Schellenberg, E.G. 2002 Effects of musical tempo and mode on arousal, mood, and spatial abilities. *Music Perception*, **20**, 151-171.

Jenkins, J.S. 2001 The Mozart effect. *Journal of the Royal Society of Medicine*, **94**, 170-172.

Karni, A., Meyer, G., Rey-Hipolito, C., Jezzard, P., Adams, M.M., Turner, R., & Ungerleider, L.G. 1998 The acquisition of skilled motor performance: Fast and slow experience-driven changes in primary motor cortex. *Proceedings of the National Academy of Sciences of the United States of America*, **95**, 861-868.

Kreutz, G., Bongard, S., Rohrmann, S., Hodapp, V., & Grebe, D. 2004 Effects of choir singing or listening on secretory immunoglobulin A, cortisol, and emotional state. *Journal of Behavioral Medicine*, **27**, 623-635.

McCollough, C. 1965 Color adaptation of edge-detectors in the human visual system. *Science*, **149**, 1115-1116.

Nakamura, T., Tanida, M., Niijima, A., Hibino, H., Shen, J., & Nagai, K. 2007 Auditory stimulation affects renal sympathetic nerve activity and blood pressure in rats. *Neuroscience Letters*, **416**, 107-112.

Nantais, K.M. & Schellenberg, E.G. 1999 The Mozart effect: An artifact of preference. *Psychological Science*, **10**, 370-373.

Panksepp, J. & Bernatzky, G. 2002 Emotional sounds and the brain: The neuro-affective foundations of musical appreciation. *Behavioural Processes*, **60**, 133-155.

Rauscher, F.H., Shaw, G.L., & Ky, K.N. 1993 Music and spatial task performance. *Nature*, **365**, 611.

Sadato, N., Okada, T., Kubota, K., & Yonekura, Y. 2004 Tactile discrimination activates the visual cortex of the recently blind naive to Braille: A functional magnetic resonance imaging study in humans. *Neuroscience Letters*, **359**, 49-52.

Sakai, K.L., Tatsuno, Y., Suzuki, K., Kimura, H., & Ichida, Y. 2005 Sign and speech: Amodal commonality in left hemisphere dominance for comprehension of sentences. *Brain*, **128**, 1407-1417.

Schellenberg, E.G. 2006 Exposure to music: The truth about the consequences. In G.E. McPherson(Ed.), *The child as musician: A handbook of musical development*. Oxford, UK: Oxford University Press. Pp.111-134.

Schellenberg, E.G. & Hallam, S. 2005 Music listening and cognitive abilities in 10- and 11-year-olds: The blur effect. *Annals of the New York Academy of Sciences*, **1060**, 202-209.

Schellenberg, E.G., Nakata, T., Hunter, P.G., & Tamoto, S. 2007 Exposure to music and cognitive performance: Tests of children and adults. *Psychology of Music*, **35**, 5-19.

Standley, J.M. 2003 *Music therapy with premature infants: Research and developmental interventions*. Silver

Spring, MD: The American Music Therapy Association. 呉　東進（監訳）　2009　未熟児の音楽療法　メディカ出版

Thompson, W.F., Schellenberg, E.G., & Husain, G.　2001　Arousal, mood and the Mozart effect. *Psychological Science*, **12**, 248-251.

Xu, F., Cai, R., Xu, J., Zhang, J., & Sun, X.　2007　Early music exposure modifies GluR2 protein expression in rat auditory cortex and anterior cingulate cortex. *Neuroscience Letters*, **420**, 179-183.

あとがき

本書で対象としたのはおもに赤ちゃんですが、赤ちゃんが生まれつきもっている能力は、人が進化の過程で受け継いできた最も基本的で根源的な機能なので、発達が遅れている人やさまざまな障害によって機能が低下した人などでも残っている可能性があります。そういう意味で、音楽を使った赤ちゃんとの関わり方は、たんに赤ちゃんや子どもだけに限らず、障害者や高齢者など、広範囲の人に適用できるものだといつも感じています。音楽がそういう人たちの暮らしの中に取り入れられて、少しでも役立つことを願っています。

最後に、研究室や療育施設や学校など、多くの場所で音楽を使った活動を行なう中で、人と音楽の関係について多くのことを教えてくれた、たくさんの赤ちゃん、子どもたち、障害者の人たちや保護者の方々、共同で活動してきた皆さんに心から感謝します。

索　引

【著者紹介】

呉　東進（ごう・とうしん）

一九七九年　京都大学医学部卒。

京都大学医学部小児科助手、米国ペンシルベニア大学医学部神経学フェロー、東京女子医科大学准教授、同志社大学教授を経て、現在は京都大学大学院医学研究科教授。

日本音楽医療研究会事務局長。

赤ちゃんは何を聞いているの？
—音楽と聴覚からみた乳幼児の発達—

2009年7月20日　初版第1刷発行
2011年7月20日　初版第2刷発行　　定価はカバーに表示してあります

著　者　呉　東進
発行所　㈱北大路書房
〒603-8303　京都市北区紫野十二坊町12-8
電話　(075) 431-0361㈹
FAX　(075) 431-9393
振替　01050-4-2083

制作／ラインアート日向　印刷・製本／亜細亜印刷㈱

ISBN978-4-7628-2682-5　Printed in Japan